我妻俊樹

そらのおはか

幼い頃、知世さんの弟は「そらのおはか」が見える子供だったという。

言葉がろくに話せない時分から弟は、やたらと空を気にしてニコニコしながら指さしたりしていたけれど、話せるようになると彼は「そらにおはかがある」のだと主張しはじめた。

たどたどしい言葉づかいで「空中を雲のように漂っている、たくさんの墓標が立ちならぶ霊園のようなもの」を説明する弟は、それを怖がっている様子はなくどちらかというと嬉しそうな口調だった。

当時画用紙にクレヨンで弟が何枚か描いた「そらのおはか」の絵は、知世さんにはSF映画に出てくる宇宙艦隊か何かのようだった。探せば実家のどこかにまだ一枚くらい残っているかもしれない。

知世さんや両親には、弟が指さす方を見ても何もみつけられなかった。お墓に見立てられるようなかたちの雲さえ見当たらない。

縁起でもない、と言って顔をしかめる大人も中にはいたけれど、たいていは子供らしい想像力の産物として微笑(ほほえ)ましく見過ごされた。

だが、思ったことや見たことを十分言葉で表せる年齢になっても、弟は同じものを見続けているようだった。

高校生になった弟に知世さんはふと思い出して「そらのおはか」について訊いてみたことがあった。

すると彼は「今も見えるよ」とこともなげに答えた。

弟によれば、幼い頃はたいていいつも空のどこかに「霊園のようなもの」が浮かんでいて、多いときは二つも三つも同時に浮かんでいることもあったという。

だが年々見る頻度が下がって最近ではめったに見かけないし、見かけても以前よりずっと遠くにあって個々の墓石がようやく見分けられる程度らしい。

じゃあ昔はお墓に彫られてる名前が読める距離だったこともあるの？　そう知世さんが訊ねると弟はうなずいて、

「当時は漢字が読めなかったけど、今にして思えば全部同じ苗字の墓だったと思う」

そう言うと広告の裏紙にボールペンでさらさらと文字を綴った。

書かれた二文字は、日本人の苗字としてはトップ一〇〇に確実に入っていない程度には珍しいものだった。

「読めないなりに、何度も見てるうちに一種の模様として覚えちゃったんだよね。べつに友達とか知ってる人にこの苗字の人いなかったし、その点がちょっと不思議と言えば不思議なんだけど」

弟は空に霊園が浮かんでいることの意味については「べつに考えたこともない」とのことだった。

「道端に古い石碑とかあってもさ、そういうのに興味ある人以外はただ『あるね』って思うだけでそれ以上の意味とか考えないでしょ？　それと同じだと思う。見えてるのが当たり前っていう状態だと、いちいち意味とか考えないし、他の人は見えないんだってわかって最初はびっくりしたけど、そのことにもなんか慣れちゃったよね」

子供の頃からあまり会話の多い姉弟ではなかったから、このとき珍しく饒舌だった弟の話は、ふだん無口な彼の心の中を覗き込んだようで知世さんにとっては強く印象に残っているようだ。

それから更に十年の歳月が過ぎた一昨年の冬の晩、酒に酔って起こした傷害致死事件の罪を償うために弟は現在刑務所に収監されている。

偶然同じ店で飲んでいてトラブルになり、弟とは面識がなかったらしい被害者の方の苗字を聞いたとき知世さんは気が遠くなった。かつて弟が広告の裏に綴ったあの二文字だったのである。

トルコ石

木村は年下相手にやたらと先輩風を吹かせたがるタイプで、周囲に疎まれている男だった。

そのことに本人はたぶん気づいていない。自分には人望があって、後輩たちには頼れる兄貴分として慕われていると固く信じ込んでいたようだ。

幸典さんはそんな木村のことが大嫌いで、職場でもできる限り距離を置いていた。幸い仕事ではほとんど関わりを持つ必要はなかったが、年の近い者たちで飲みにいったりするとたいてい木村もその場に来ている。なるべく近くに座らないようにしたものの、木村の隣を避けたいという点では誰もが同じ気持ちである。会場入りするタイミングによっては木村の横しか席が空いてないこともある。


その日の飲み会もそうだった。

幸典さんは職場からの移動中ずっとトイレに行きたかったので、荷物を置いて席を確保してから用を足して座敷にもどってきた。

するど確保した席の隣に木村が腰を下ろしていたのだ。幸典さんは荷物を手に取りつつさりげなく移動先を探したものの、席はすでに全部埋まっているようだった。観念して元の場所に腰を下ろすとさっそく木村が横から話しかけてきた。

「おまえも入社三年目か。いろいろとあれだろ、仕事の責任とか自覚し始めて気が引き締まる頃じゃないか？　まあいつまでも新人気分でいられても困るしな、これからは後輩の手本になってもらわないと。ただ仕事をこなせばいいってもんじゃない、こなすのは当たり前のことで、それじゃバイトと変わらないだろ？　会社っていうのは、前に立つ者の背中を見て一人一人が人間的に成長していくことで……」

ああ始まった、と思いながら幸典さんは適当に神妙な顔をつくり、相槌を打ちながらビールのジョッキを口に運ぶ。

木村の相手をするときはとにかく先に酔ってしまうに限るのだ。木村はアルコールには弱いほうなので、こちらにつられて木村のペースが上がると早々に酔ってウトウトし始めるし、うまくすれば気分が悪くなって先に帰ってしまうこともあった。

「いやあ、たしかに」

「おっしゃる通りですね」

木村のつまらない話をただ肯定する合いの手を入れながら、幸典さんはジョッキを勢いよく空けた。

「あれっ」

二杯目のジョッキに手をのばしたとき木村が急に話を止め、何やら顔をこすりはじめた。

「なんか、ゴミ入ったかな……」

どうやら左目に違和感があるようで、指でまぶたをぐいぐいと揉むように動かしている。

水で洗ってきてみたらどうですか、などと言いながら幸典さんはほっと一息ついてつまみの厚揚げを口に運ぶ。

しばらく苛立ちながらぶつぶつ文句を言って目をこすっていた木村が、

「あっ治った」

とぼそっとつぶやいたので幸典さんは反射的に木村の顔を見た。

「……ええとどこまで話したっけか。そうそう、おれが入社三年目っていうと××さんが異例の若さで課長に昇進した年なんだよ。あの人は会社に対して言うべきことはちゃんと言う人だよ？　でもそれはあの人抜きじゃ仕事が回らないっていう前提があるからで、そうじゃなきゃ誰もまともに耳を貸さないだろ。おまえももし会社に不満があるならまず××さんみたいに文句のつけようのない仕事をして、上層部に認められてみろよ。まずはそこから……」

何事もなかったように説教の続きにもどった木村の顔に釘付けになったまま、幸典さんは目が離せなくなっていた。

木村の左目の色がおかしいのである。

こすったせいで充血しているとかいうのではない。左目の白目の部分が、まるでトルコ石のようにあざやかな青色に変わっていたのだ。

いわゆるターコイズブルーという色である。

じっと自分の目を凝視して固唾（かたず）を飲んでいる幸典さんを見て、熱心に聞き入っていると思い込み気をよくしたのか、木村はますます説教に熱が入っていった。

だが幸典さんはもう木村の左目が気になって、適切なタイミングで相槌を入れるどころか、ただ口をぽかんとあけて呆然としていることしかできなかった。

その反応を見て何かおかしいとようやく気づいたらしく、木村がやや気色ばんだ調子で言った。

「おいなんだよおまえ、おれの顔に何かついてるのか？」

そして口を尖らせつつ、右手で自分の顔を上から下へと拭うように撫でた。

その指先がちょうど左目の上を通過したとき、幸典さんは思わず小さく声を上げてしまった。

木村の顔が一瞬で元通りの、白目部分のやや充血した左目にもどっていたのである。

不思議な手品でも見たように唖然として自分を凝視し続ける幸典さんを、気味悪そうに見返した木村はとうとう無言になってしまった。そしてぷいと背を向けると反対側に座る後輩をつかまえて説教を始めたが、さっきまでの勢いはなくぼそぼそとつぶやくような声が聞こえてきた。

この日以来、木村は幸典さんのことをどこか避けているようなそぶりを見せ、飲み会などでも決して話しかけてこなくなった。

だが幸典さんはまた木村の左目に異変が起きていないかと気になってしかたなく、仕事中でも酒の席でもつい木村の顔を無意識に観察していることがある。
それに気づくたびに木村は、実に嫌そうな顔をして目を逸らすそうである。

赤い幽霊

麻希さんが中二のときの担任は夫が外国生まれの人だった。

アジアのどこの国かは忘れてしまったそうだが、毎年夫の故郷に担任も一緒に里帰りしているという話で、そのとき毎回泊めてもらっている夫の実家に男の幽霊が出るらしい。

担任自身も何度か目撃したことがあるというその幽霊は「天井に頭がつきそうなほどの大男」。夜になるとどこからともなく現れて家の中を無言でのしのしと歩き回っているが、家の人たちは空気のように無視して普通に生活をしていた。

夫によれば、幽霊は彼の祖父が生まれる前から家に出没していたようだ。一家の先祖の霊だと言われているものの詳細は不明。基本ただ家の廊下をせわしなく歩き回るだけで、明け方までには消えてしまうから気にする必要はない、ということらしい。

夫自身は子供の頃から見慣れていることもありべつに怖いとは思わないし、たしかに少々不気味ではあるものの、幽霊なんて実害の出るネズミや蚊と較べたら全然マシだよと笑っていたという。

ただし幽霊の顔が赤いときだけは話が別である。夫いわく「顔が赤いときの幽霊は人を食う」ということになっているらしい。

通常は全身が灰色がかった古い写真みたいな色味の幽霊なのだが、ごくまれに顔だけが赤く見えるときがある。そのことに気づいたらすぐに一家全員で近所の親戚の家へ避難するのだという。

これまで「幽霊の顔が赤い」晩に家にとどまって急病になった人が何人もいて、中には亡くなった人もいるというのだ。

近いところでは夫が十歳くらいの頃、〈赤い幽霊〉の出た晩に彼の伯父が一人で家に残って酒を飲んでいたことがあった。ボクシングの心得もあって豪胆な伯父は「こっちも酒で顔が赤くなってるから同類だ、何も心配いらない」そう笑って玄関まで家族を見送ると家の中へもどっていったのだ。

日が出るとすぐに夫の父親が家に様子を見にいったが、伯父の姿が家の中のどこにも見当たらない。あちこち捜し回ったところ、裏庭の木にロープをかけて首を吊った状態でぶら下がっていたそうである。

そのとき伯父の亡骸は、いつそんなものを手に入れたのか、家族の誰も見たことがない赤く塗られた木製の仮面をつけていたらしい。


麻希さんの担任はその「伯父がぶら下がった木」も見せてもらったそうだ。

話に聞いたときは家のすぐ裏にそういう木があるのかと思ったが、夫に導かれて庭をぐるっと回っていくと裏はがらんとした殺風景な地面が広がっていて木などない。

やはり不吉なことがあった木だから切り倒したのかと思ったら、そうではなく五分ほど歩いていった先に林があって、一番手前に生えている木がそうだという話だった。

思いのほかスケールの大きい「裏庭」だったわけだが、その林のすぐ近くに伯父も眠っているかれら一族の墓所があった。

苔（こけ）むした古い墓所を低い塀越しに覗き込みながら夫は、

「伯父さんを連れていっちゃったのはひどい話だけど、その際死に場所としてこんなにお墓に近い木を選ばせるところが、いかにもご先祖様の幽霊って感じがしない？」

そう冗談とも真面目ともつかない口調で言っていたという。

ちなみに担任自身が見た幽霊は、夫やその家族が語ったような明瞭な姿のあるものではなく「煙の柱が廊下をすーっと横切っていくみたい」に見えたとのことである。

「今日は顔が赤くないから大丈夫。それにいつもより表情が穏やかで笑ってるみたいだな、きっときみのことを新しい家族として歓迎してるんだよ」

そう夫が指さしたあたりを見ても、担任には顔らしいものは見分けられなかった。

ただ「煙の柱のてっぺんが少しほぐれて、丸く緩んでいる」ように見えただけであった。

遅刻

電車が遅れて、泰香さんは約束の時間に遅刻してしまった。

その日会う約束をしていた知人は年輩の女性で、携帯電話は持っているが通話のみ、メールの操作もできないという人だった。

遅れるという連絡ができないまま待ち合わせの駅に着き、泰香さんは携帯を鳴らしながら改札口に向かう。

だが留守電に変わってしまったので、今着きましたと吹き込みながら待ち合わせ場所の広場に到着すると、知人の姿は見あたらなかった。

もう一度電話を鳴らしたがやはり留守電になった。待ちくたびれてどこか電波状態の悪い場所に移動してしまったのかもしれない。そういうことに気が回らなそうだからなあ、と困惑した泰香さんが周囲を見回していると、噴水のむこうに立ってじっとこちらを見ている人と目が合った。

「あ、いたいた。ごめんなさい遅くなっちゃって」

そう手を振りながら駆け寄ろうとして、彼女はあわてて足を止めた。

噴水のむこうにいるのは知人ではない。全然知らない若い男性だった。つまり年齢も性別も違っていて、まちがえる要素はまるで見つからなかった。

泰香さんは恥ずかしさのあまり何度も頭を下げるとその場を立ち去った。

相手の男性も驚いたような顔をしていたが、ぺこりとおじぎを返してくれた。


しばらく広場の周囲をうろうろしながら、時々電話をかけてみたり、ダメモトでメールを入れてみたがやはりレスポンスはない。たぶん相手は留守電の聞き方もろくに知らないはずだ。

困ったなあとため息をつき、たまたま目の前にあったベンチに腰掛けるとさっきの噴水が真正面にあった。

ここで泰香さんはふと疑問に思った。

この駅前には待ち合わせを含めて今まで何度か来ているが、広場に噴水なんてあっただろうか。

最近つくられたとは思えない、やや古びた感じのオブジェと一体化した噴水のきらきらした水しぶきを思わず凝視すると、そのむこうにさっきの男性が立っていた。

ふたたび目が合い、今度は男性のほうから頭を下げてきた。

だがこちらに歩み寄ってくるわけでもなく、立ち去るでもなくじっと泰香さんのことを見ている。

呆然としてしまって、今度は目をそらさずに泰香さんも男性を見つめ返した。


「あらやだ、こんなところにいたの？」

そのとき横で声がして、顔を向けると待ち合わせ相手の知人女性が立っていた。

「あたしすぐそこのベンチに座ってたんだけど気づかなかったわ、ごめんなさいね今日は遠くから来てもらっちゃって……」

いいえこちらこそ遅刻してすみません、と言いながら泰香さんは急いで前を見たが若い男性の姿は消えていた。

それだけでなく噴水も跡形もなく消えてしまっていて、目の前にはタイル張りの地面の幾何学的な模様だけが広がっていたのである。

この町に三十年以上住んでいるという知人の話では、かつてその場所にたしかに噴水があったけれど今から二十年ほど前に撤去されているらしい。

遅刻にあわてて駅前をさまよっていた泰香さんは、いっとき過去の広場に迷い込んだのだろうか。

「それにしては目が合った男性はごく今風の服や髪型だったと思うんですよね、あの人も現在から迷い込んだ人だったのかな」

なんとなくまた会いたいような気がしてその駅に行くたび広場周辺を歩き回ってしまうが、再会は果たせていないそうだ。

夜の崖

時期は昭和四十年代頃ということしかわからない。

神奈川県で農業を営んでいた岡田さんという男性が知人宅で酒席に呼ばれ、帰宅する途中崖から転落し、意識不明の状態になった。

近くに住む兄が、たまたま直後に崖下を車で通りかかって倒れている岡田さんに気づき、病院に運んだらしい。

岡田さんはすぐに意識を取り戻し、何箇所か骨折していたが命に別状はないとのことで家族はひとまず安心した。だが転落時のことを思い出した岡田さんは妙なことを言い出す。

崖上の道を歩いていたとき、誰かに下から呼ばれたので道の端から身を乗り出すと、いきなり首根っこを掴まれて引きずり落とされたというのである。

その崖にはちょうどいい位置に人が立てるような足場はないし、崖下の地面から手の届くような高さでも当然ない。だが岡田さんはたしかに掴まれたと言い張るので、どんな奴にやられたのかと問えば暗くてわからなかったという答え。

　転落時に酔っていたこともあって岡田さんの証言に信憑性は乏しく、事件性はないものとして警察は動かなかったらしい。

　だが退院した後も岡田さんは当初の主張を変えず、あそこの崖には何者かはわからないが、とにかく下へ引きずり落とそうと待ちかまえている奴がいると言って、以後は徒歩でも車でも絶対に近づこうとしなくなった。


　一方、倒れていた岡田さんを発見した兄のほうは、仕事の都合で崖下の道を週に何度か通ることになる。

　岡田さんの事故があったような夜遅くにもたびたび車を走らせたが、あるとき崖下にさしかかると前方の道端にぼんやりと立つ人影が目にとまった。

　白っぽい服を着た女性のようだ。こんな時間に女性が歩いているような場所ではないので、兄は何事かと思ってスピードを落とした。

　すると女性の足もとあたりの地面に、誰かうつ伏せに倒れている人がいるのが見えた。

　驚いて車を止めると兄はドアを開けて駆け寄ったが、そのときすでに女性の姿はなく地面に横たわる人だけが残されていた。

車のヘッドライトに照らされた背中に見覚えがあり、まさかと思って裏返すとそれは彼の弟、つまり岡田さんだったのだ。

だが今度は岡田さんは助からなかった。

兄の証言から殺人事件の可能性もあるとして警察の捜査もあったようだが、「白っぽい服を着た女性」が何者だったのかはわからずじまいで、事件としてはうやむやのまま終わった。兄以外の者はみんな「やはりただの転落事故だったのだろう」という線で曖昧に納得することにしたようだ。

けれども、あんなに崖のことを恐れて避けていた岡田さんがどうして夜中に家族に何も言わず、家を抜け出してその崖を訪れたのかは誰にもわからなかった。

「あいつはあの白い女に取り憑かれたんだ、あの女は化け物だ」

兄だけはそう主張し続け、その主張は彼が老人になっても変わらなかった。

沙理さんが勤務先の川崎のスナックに客で来ていた老人にこの話を聞いたのは、平成十五、六年頃のことだったという。

オカルト好きの彼女は女の正体についてあれこれと推測し「死神ですかね、それともその崖で死んだ女の幽霊だったのかな」などと水を向けたが、老人はそれには答えず、ただ弟をみすみす死なせてしまったことへの後悔の言葉をしきりにくり返すと、目にうっすらと涙を浮かべていたそうだ。

葛西俊和

宿直

渡辺さんはいつも泣いているような顔をしている。昔はこんな顔ではなかったそうで、この顔になったきっかけを話してくれた。

渡辺さんは昔、葬儀場の夜間アルバイトをしていた。

「宿直のアルバイトなんです。夜の十時から翌朝八時まで斎場の事務所に詰めていて。斎場の保安と、夜間に亡くなった方がいると病院のほうまで御遺体の引き取りに行くというのが主な仕事内容でした」

当時渡辺さんは浪人生であり、待機時間は勉強をしていても良いという労働条件からこの仕事を選んだ。宿直時は一人で勤務、さらに遺体の運搬という業務内容を聞いて最初は少し気後れしたが、実際にやってみると運搬の仕事は一週間に二件ほどしかなく勤務時間の大半は事務所で勉強しているか仮眠をとっているかのどちらかだった。おまけに給料も夜勤扱いなので高額であり不満はなかった。そうして二週間も働くと、御遺体を扱うことにも次第に慣れていった。

「慣れというのは怖いもので、御遺体を見ても動じなくなるとやっていることが業務でしかないという感覚になるんです。正直、楽勝な仕事だと調子に乗っていたところもありました」

その夜、渡辺さんは知らせを受けて病院まで御遺体を引き取りにいった。夜間窓口で手続きを済ませるとストレッチャーに載せられた御遺体が運ばれてくるのが見えた。

その時に渡辺さんはいつもと少し様子が違うことに気がついた。今まで担当した御遺体はすべて手術着を身につけた状態で運ばれて来たのだが、今回は細長いナイロン製の袋に納められており中が見えないようになっていた。

「火災にてお亡くなりになった方です。運搬は慎重にお願いします」

ストレッチャーから車に御遺体を移すとき、立ち会った医者が渡辺さんに耳打ちした。炭化している箇所もありとても脆(もろ)い状態なのでと、釘を刺すように二度も注意を受けたという。

渡辺さんは集まって来たご遺族に挨拶をすると、ゆっくりと車を発進させた。

斎場まではかなり気を使って運転をした。車速は制限速度よりもかなり遅く、カーブではできる限りゆっくりと減速し丁寧にハンドルを操作した。

斎場に到着すると渡辺さんはストレッチャーで御遺体を運び込み、寝台にそっと置くと緊張の糸が切れたかのように疲れがどっと出てきた。この後に線香受けや陶器製の水入れを用意する必要があったのだが、運が悪いことにこの日に限って線香受けは清掃された状態で逆さになっていた。これを使える状態にするには線香を立てるための土台になる砂を入れる必要があるのだが、砂の保管場所がわからない。

渡辺さんは億劫になり、朝に来た社員の人に聞いてからやれば良いかとそのまま事務所に引っ込んでしまったのだという。

渡辺さんは事務所のソファーに座り暫くの間本を読んでいたが、活字を追うごとに眠気が強くなっていき舟を漕ぎ出した。このまま眠ってしまおうかと横になった途端のことだ。

バァンと不意に事務所のドアが強く叩かれた。大きな音に驚き渡辺さんはソファーから転げ落ち、顔を床に打ち付けた。

がちゃがちゃと音が響き、勢いよく事務所のドアノブが回り出した。事務所のドアには内鍵が付いているのだが宿直の時は鍵をかけるようなことはしていなかった。斎場には自分しか居ないから施錠する必要がない。ならばなぜあのドアノブは回っているのかと考えてしまい渡辺さんは恐怖に固まった。

がちゃりとドアが開く音がした。皮膚が剥がれ落ち赤茶けた指がドアを押し開き、その隙間から黒ずんだ顔が渡辺さんを見ていた。それには頭髪が無く、顔中が炭化しひび割れたもので眼孔が空洞になっていた。

「ひふぉいやつ」

黒くひび割れた唇が動き、くぐもった声が聞こえた。炭化した顔には表情というものがなかったが、その声には強い怒りが含まれているように感じられた。

「ひふぉ、ひふふううぅぃいぃぃい」

炭化した唇は端が上下くっついていて、少ししか動かなかった。それでもなお炭化した顔は渡辺さんに何か言いたいことがあるのか、言葉にならない声を出し続けた。

あまりのことに自然と涙が溢れてくる、渡辺さんは堪え切れなくなり震えながら、

「すいませんでした、すいませんでした」

と絶叫するように謝罪を繰り返した。すると炭化した顔は渡辺さんをじっと見つめ「ひうひう」と呟くとドアの隙間からゆっくりと身を引いていった。ドアの隙間には廊下に続く暗がりだけが残った。

渡辺さんはやっとの思いで事務所のドアに鍵をかけ、ソファーの上で朝まで震えていた。

翌朝になって斎場に葬儀社の社員が出勤してくると衰弱しきった渡辺さんを見て騒ぎになった。

「私自身は一晩中気がつかなかったのですが……」

社員に手鏡を渡されて渡辺さんは自分の顔を見た。鏡の中の顔は酷いもので顔面の筋肉が引き攣り、泣き顔の形で固まっていた。

「医者には顔面神経麻痺だと言われました。強いストレスが原因でしょうと」

渡辺さんは数日休養し悩んだ末に上司に仕事を辞めたいと電話をした。あの夜に何があったかは説明しなかったが、上司も察するところがあったのかすんなりと退職を認めてくれた。

「その電話口で上司が湯灌師の方に取り次いだんです。湯灌師の方から私に話しておきたいことがあるからと」

湯灌師の方は渡辺さんの身を案じるから伝えておきたいと前置きした。

「君が最後に運んだ仏様だけどね。荼毘に付されたよ。それで、伝えようか迷ったのだけど君の顔のことも気掛かりだから言っておく。仏様になにがあったかはわからないが、死化粧をするときにね。御遺体が涙を流したんだ。それも血の混じった涙だ。これは良くない兆候だと思う」

渡辺さんは湯灌師の方から紹介されたお寺でお祓いを受けた。それでも顔面神経麻痺は長く残った。

「今でも笑おうとすると頬のところが痛むんですよ。だから笑顔をつくることができないんです」

渡辺さんは泣き顔のまま笑顔を作ろうとしたが、痛みによって呻いてやめた。

重さ

農家を営む岩瀬さんが友人の通夜に出席したときにあったことだ。

「小学校の頃から付き合いがある奴でな。同じ町内で農家をやっていたから組合やら集会で話をすることも多かった。だから、亡くなったと連絡を受けたときは驚いたよ」

岩瀬さんの友人は聴力に障害があり、人と会うときは補聴器を付けていたのだが農作業をするときは邪魔だと外していた。

「畑で作業するときはそれでいいと思うんだが、あいつは運転するときも補聴器を付けないんだ。一度危ないと注意したことがあったんだが」

慣れているから平気だと言い返されてしまったという。

友人は畑で取れた農作物を運搬車の荷台に積んで、家に帰る途中で事故に遭った。農道の途中にある遮断機や警報機が付いていない踏切で運搬車の車輪が線路に落ち、立ち往生してしまったのだ。

補聴器を付けていれば接近する電車の音に気が付けたのかも知れなかったのだが。

電車と真正面から衝突した友人は即死だった。彼の乗っていた運搬車は原型を留めてはおらず、通夜の際も棺の蓋は閉じたままだった。

小さな町で起きた事故ゆえに、話はあっという間に広がっていた。警察が駆けつける前に事故現場に来た野次馬もおり、線路上に遺体が散らばっていたという話も岩瀬さんは耳にしていた。

「あいつには大学生になったばかりの息子がいてな。気丈な奴で、すっかり参ってしまった奥さんに代わって喪主を務めていたんだ。それを見たら俺も何か手伝わないといかんなと思えて」

息子さんは通夜にくる弔問客に一生懸命対応していた。年齢からいえば当たり前なのだが挨拶などもたどたどしく、見てわかるほどに疲れていた。岩瀬さんはそんな息子さんに声をかけると一緒になって弔問客の対応を手伝った。

通夜の弔問客の対応も一段落したころ、岩瀬さんは喪主を務める息子を労い、困ったことがあったらいつでも相談に乗ると声をかけた。当初は息子さんも岩瀬さんに恐縮したような素振りを見せていたが、少し時間をおいてから思い詰めたような様子で岩瀬さんの席にやってきた。

「すいません、少し相談したいことがありまして……」

息子は岩瀬さんを棺の隣まで案内し、何も聞かず一緒に棺を持ち上げて欲しいと言った。どんな意図でそのようなことをしろと言っているのか岩瀬さんには理解できなかったが、息子さんの真剣な様子を見て棺を持ち上げた。

棺はするりと持ち上がった。まるで何も入っていない、いや木製の棺本体分の重量も感じさせないほど軽い。ふと目をやると息子さんは棺から手を離していた。

岩瀬さんは一人だけで持ち上げていた棺をゆっくりと下ろした。

「軽い……ですよね」

おそるおそる聞いてきた息子さんの問いに、岩瀬さんは頷いた。事故死した友人は恰幅がよく、遺体が損壊していてもこんなに軽くなるはずはない。

遺体が納められた棺を運び入れた葬儀社の人が気がつき、息子さんに教えたのだという。

息子さんも棺の中を確認したが、確かに遺体は納められている。

どういうことかわからなくて困っていると息子さんは岩瀬さんに打ち明けた。

「とはいえ、こんなことは初めてだったから。どうしたものかと悩んだ。考えもまとまらなかったんで結局俺も近所の年寄りに相談することにした」

一番口の堅い婆さんにこっそり相談をすると。

「ああ、そりゃ魂が帰ってきとらんのかもしれん。ちゃんと迎えにいかないといかんねぇ」

同じようなことが昔、町内の葬式であったのだという。あまりにも突然に死を迎えると、自分が死んだということに当人が気がつかず、魂だけが現場に残りつづけるのだと婆さんは続けた。

迎えに行くといっても、どうすればいいんだ。坊さんを呼んで経でも上げてもらったほうがいいのかと岩瀬さんが聞くと、そんなことは必要ないさと婆さんは言った。

「家族なんだから。息子さんが踏切までいけばあっちもわかるだろうに」

二人は他の弔問客に気取られないようにこっそりと通夜の席を抜け、岩瀬さんが運転する車に息子さんを乗せると、事故の起きた踏切まで来た。

時刻はもう深夜になっており、人気のない農道にある踏切は不気味だった。

自動車のヘッドライトで照らし出された線路のレールには、清掃が行われたとはいえまだ血溜まりの跡が残っており、農地から吹く湿った風に混じり僅かに血の臭いがした。

息子さんと岩瀬さんは踏切の中央まで歩いて行き、血溜まりの跡が残るところで足を止めた。

「親父、ここにいるみたいです」

息子さんが岩瀬さんの顔を見てそう呟いた。確信めいたものがあるようで、息子さんはしゃがみ込むとまるでおんぶでもするかのように後ろ手を組んだ。

「親父や。家に帰ろうや」

息子さんがそう言うと衣擦れの音が短く鳴り、息子さんの膝が沈んだ。岩瀬さんには何かが背中に乗ったように見えたという。

「あ、重いなぁ」

息子さんはそう言うと車に戻った。そして先に背中に背負った父親を後部座席に乗せるような仕草をしてから、自分は助手席に乗り込んだ。

通夜が行われている友人の家に帰る際、車内では一切会話がなかった。しかし不思議と雰囲気は悪くなく、安堵感を岩瀬さんと息子さんは感じていた。

友人の家に帰り後部座席のドアを開けると、緩やかな風のようなものが車内から家に向かって吹いていった。岩瀬さんと息子さんは同時にそれを感じ、もう大丈夫だと確信したという。

翌日、友人の最後のお別れが行われた。棺に封をする釘打ちが執り行われ焼き場へ向かうとき岩瀬さんと息子さんも棺を持ち上げ霊柩車へ納めた。

そのとき、棺は重く大の男が四人がかりでようやく持ち上がった。

「やっぱ重いなぁ。親父は」

棺を持ち上げた息子さんは少し嬉しそうに呟いた。岩瀬さんも頷いて応えた。

筆箱

井波さんは小学生のころ、道に落ちている筆箱を拾ったことがある。

エナメル質の筆箱の表面には当時女の子の間で流行していたアニメのキャラクターが印刷されており、新品同様の状態だった。振ってみるとカラカラと軽い物がぶつかる音がした。

ジッパーを引くと筆箱の中には濃い緑色の鉛筆が数本と白い消しゴムの欠片が入っていた。何気なく鉛筆を一本つまみ上げてみると、鉛筆の末端には表面にえぐれたような無数の傷が見て取れた。くるりと返してみると傷は全周に渡って入っており指で触れるとざらざらとした肌触りがした。

鉛筆からは僅かだが異臭がする。鼻を近づけると、唾液が乾いたときの臭いだと気がついた。

うえ、汚いなぁ。

井波さんは噛み痕のついた鉛筆を道の隅に放り投げると、筆箱を逆さにして残りの中身も近くの排水溝に捨ててしまった。

アニメキャラが描かれた筆箱だけは気に入り、家に持ち帰ってしまった。

翌日学校で、拾った筆箱を見せびらかすと同級生の女の子たちはみんな羨ましがった。

筆箱に描かれたキャラクターは人気があり、どこの文房具店でも品切れ中だったからだ。

井波さんはいい気になって、筆箱をわざと机の上に置きっぱなしにしたり鉛筆までキャラクターが描かれたもので揃えてみたりした。

数日が経ち、国語の授業を受けていたときのことだ。隣の席に座っていた同級生が鉛筆を貸してほしいと頼んできた。井波さんはキャラものの鉛筆を一本貸してあげたのだが、それを受けとった同級生が表情を曇らせた。

「あのさ、違う鉛筆を貸してほしいな」

「はあ、なんでよ?」

貸した鉛筆は削りたてで芯も折れてはいない。長さも充分だ。不満を言われるようなところはないと思って貸している。

井波さんが怪訝な顔をしたので同級生は恐縮してしまい、やっぱりこれでいいと渡された鉛筆を使った。

国語の授業が終わったとき、隣席の同級生が鉛筆を返してきた。それを受けとると指の腹にざらりと嫌な感触があった。

鉛筆の中間、それも描かれたキャラクターの顔の部分を覆うように大きな噛み痕があった。傷は一定の間隔で均一に並んでおり、傷口からは筆箱を拾ったときのような唾液臭が立ち上ってきた。井波さんは同級生を呼び止め鉛筆の傷を見せると、

「借り物にこういうことするっておかしくない？」

と詰め寄った。同級生は私がやったわけじゃない、最初からこの傷がついていたと必死に説明したが井波さんは頭に血が上り、同級生を口汚く罵った。

同級生は泣き出してしまい、井波さんは悪者になってしまったという。クラス内ではギスギスした雰囲気が続き、隣の席の子とも仲直りができず険悪なまま時が過ぎていった。

数日が過ぎ、歯型痕がついた鉛筆を捨て新しい鉛筆を筆箱に入れて学校へ行った時だった。朝のホームルームで鉛筆を取り出したとき違和感があった。

指先で触れた新しい鉛筆が僅かに湿っていた。それをつまみ上げてみると、真新しい歯型痕がくっきりと付いていた。

朝に筆箱を開けてから自分以外筆箱を触ることはなかったはず。井波さんは不気味に思い、その日を境にアニメキャラが描かれたその筆箱を使わなくなった。

アニメキャラの筆箱は中身を入れたまま自室の学習机の引き出しに入れ、そのまま放っておいた。学校には以前使っていた無地の筆箱を持って行くようになった。するとあの奇妙な歯型痕が鉛筆につくこともなくなった。

それから一週間が経ち、井波さんは筆箱のことも忘れかけていた。

夜のことだった。井波さんが自室で眠っているとガリガリと何か固いものを削るような音が聞こえ、目を覚ました。井波さんは中学生の姉と同じ部屋で眠っていたので姉が何かしているのだろうと思ったが、音はいつまで経っても鳴り止まず。完全に目が覚めてしまった。

布団から身を起こすと、隣には布団に入り眠ったままの姉の姿があった。

音は学習机の方から聞こえている。暗闇の中、学習机の上にはアニメキャラの描かれた派手な色合いの筆箱が置かれていた。どうやら音はその中から聞こえてきているようだ。

おかしいな、引き出しにしまっておいたはずなのに。井波さんは学習机の上にある筆箱をじっと見つめた。すると、筆箱のジッパーが勝手に動き口が開いた。

筆箱の中は暗く、開いた拍子に排水溝のような臭いが漂ってきた。筆箱の中から赤黒いものがゆっくりと伸びてくる。人の舌のように見えた。舌を伝い、何かが転がり落ちた。

粘着質な音を立てて学習机の上を転がり落ちたそれは鉛筆だった。しかしそれは所々が極端に細くなっており不均一な形をしていた。

「ごえっ、ごえっ」

えずくような声、筆箱の暗闇の中に舌は再び戻っていく。そして白い整った歯がピンク色の歯茎と共に浮かび上がった。舌がぬるりと動き新しい鉛筆を歯の上に置く。がりがりと音が鳴った。白い歯が高速で動き鉛筆を噛みはじめた。まるで井波さんに見せつけるかのような動きだった。

井波さんは動けずにいた。筆箱を見ていないと、目を逸らせばそれがこちらにやってくるような気がした。

筆箱の中の歯は二本目の鉛筆をすぐにボロボロにし、先ほどと同じように舌で転げ落とした。

「あと三本」

低い男の声が聞こえた。それと同時にファスナーがゆっくりと閉まっていき。それっきり何も聞こえなくなった。震えながら井波さんは姉を起こし、電気を点けて一緒に学習机の上を確認した。そこには削られ歪な形になった鉛筆が二本置かれており表面は透明な液体でぬらぬらと光っていた。筆箱は机の上には無く、引き出しの奥に仕舞われていた。

井波さんは姉に見たことを全て話した。姉は半信半疑で寝ぼけていたのだろうと笑い彼女をなだめてくれたが、削り取られて歪な形状になった鉛筆を見ると険しい表情を浮かべ、筆箱と鉛筆をビニール袋に入れた。

「これ、捨てちゃうけどいいね？」

井波さんが頷くと、姉は寝巻姿のまま外へ出て行った。姉は近所の川にビニール袋ごと筆箱と鉛筆を投げ込んだ。

姉は帰ってくると井波さんに「もう大丈夫」と言い、二人は眠りについた。

翌朝、井波さんが目を覚ますと布団の上で姉が腕を見ていた。どうしたのと井波さんが覗き込むと姉の腕には青黒い窪んだ点がいくつも並んでいた。
円弧状に並んだそれは、まるで噛まれたあとの歯型のように見えた。

つゆだけでも

北海道在住の三戸さんは時折山に入り、狩猟をしたり山菜を採る。

その日、三戸さんは猟銃を持って鹿を撃ちに山へ入った。山の天気は変わりやすく朝方は晴れていたが、昼頃になると小雨が降ってきた。ちょうど腹も空いてきたので昼食を摂ることにした。

山谷の底に雨宿りできそうなカツラの大木を見つけ、三戸さんはその下でひと休みすることにした。

キャンプ用品のコンパクトバーナーでお湯を沸かし、持参したカップラーメンと握り飯を取り出す。三戸さんが山へ入るときの食料はいつもこの組み合わせなのだという。

いつものようにカップラーメンを啜っていると、不意に背後の茂みが音を立てた。食べ物の臭いにつられて獣が来たかと思い、三戸さんは飛び上がって猟銃を構えた。

「つゆだけでも、つゆだけでも……」

青々とした草木が茂る藪ががさりと音を立て、男の声が聞こえた。声は弱々しく、衰弱した人のものに感じられた。

もしや滑落した人がいるのではないかと三戸さんは一瞬思ったが、猟銃を下ろして藪に近づく気にはなれなかった。長い狩猟生活で磨かれた勘が危険信号を発していたからだ。

「飯を、少しでもいい。飯をくれ」

藪の声はか細く、懇願するような声色になっていった。その声が少し憐れに思えた三戸さんは握り飯を一つ藪に放ってやった。

ぼすっと音を立てて握り飯は藪に落ちていった。

「ありがてぇ……」

草木が音を立てて揺れ、それは藪伝いに山の奥に続いていった。気配が遠ざかるのを感じ三戸さんは猟銃に安全装置をかけ、負い紐で肩に提げると山刀を持って藪を探った。

草木を切り開くと雨に濡れた地面にくっきりと人の手形があった。手形は五つ並んで続きそこから忽然と消えていた。

三戸さんは藪を切り開いて手形が続いていたほうに向かってみた。危険だとわかっていたが好奇心が勝ったのだ。

三十メートルも歩かないうちに藪が途切れ、開けた場所に出た。そこは木々の間になっている場所で落ち葉が重なって腐葉土になっていた。茶色くなった落ち葉の上に白い握り飯が落ちていた。落ち葉は地面より盛り上がって積もっていた。

何かある。そう直感でわかった。三戸さんは山刀で握り飯の下にある落ち葉を散らした。すると、白い欠片が地面から現れた。掘っていくとそれは人間の腕の骨だということが見て取れた。

とんでもないものを見つけてしまった。

三戸さんは急いで山を下りると地元の警察に通報した。翌朝、捜索隊が結成され、三戸さんと現場に戻ると腕の骨は忽然と消えていた。骨を見つけた場所には一口分だけかじられた握り飯が転がっていたという。

海

ヨウさんはプロのカメラマンだ。売れっ子とまではいかないが、職人気質で誠実な仕事をすると評判が良い。

そんな彼は自身の作品のみで構成された初の写真集を出版することになった。写真集のテーマは『童景と郷愁』。日本全国の片田舎を回り撮ってきた膨大な写真から四十枚だけを選び、テーマと物語性を表現するというものだった。

編集作業に意気込んで突入したまでは良かったのだが、途中で大きくつまずいてしまった。編集作業はすでに二週間も行っており、締め切りは五日後に迫っている。だが、全てに行き詰まりを感じていた。選別する写真がどれも自分のイメージに合わないのだ。写真に収めるときに感じていたものが、編集段階の今になるとチープな感情にしか思えず、しっくりこない。掲載作品を選ぶこと自体に抵抗を覚えるまでに、ヨウさんの心は追い詰められていた。

何度も目を通した写真データをパソコンのモニターで眺め、気がつくと時計は午前三時を回ろうとしている。

何も決められないことに嫌気がさし、ヨウさんは気分転換に外出することにした。

一眼レフをリュックに入れ、オートバイを走らせる。どこか行きたい場所も思いつかず考え無しに深夜の国道を走っていたが、ふと自分が高校生の頃によく遊びに行った海水浴場が頭に浮かんだ。

海水浴場にたどり着いた頃には空が白みはじめていた。道路から砂浜に続く石階段を下りてカメラを構える。

濃紺から淡い青に変わっていく明け方の空を写真に収めていると、打ち寄せる波の音が記憶を呼び起こした。高校生のころだ。当時付き合っていた彼女とこうして明け方の海に来たことがある。あの時もヨウさんはバイクに乗っていて、後ろには彼女も乗っていた。

ヨウさんは彼女の名前を思いだそうとした。しかし、寝不足の頭のせいなのかぼんやりとしたことしか思い出せなかった。明け方の海を見に行って間もなく彼女とは喧嘩別れをしてしまった。お互いに酷い言葉で罵りあい、別れたあとも険悪なままで高校卒業まで過ごした。嫌な記憶としてずっと忘れていた。

ヨウさんは少し後悔した。若さ故でもあったが、随分と彼女には酷いことを言ってしまった。最悪な終わり方だったがひと言ぐらい謝っても良かったのかもしれない。

カメラのファインダーを覗いたとき、湾曲した波打ち際の先に何かが立っているのが見えた。それは全身が黒いもやに包まれたような不明瞭な姿をしていた。人の形をしているように見えるが、それが何者なのかわからなかった。ヨウさんの指は無意識のうちにシャッターを切っていた。

カシャリと音が鳴る。ファインダーから目を離すと、遠くにあったはずの人影は消えていた。

ヨウさんが波打ち際まで行くと、小さな足跡が残されていた。足跡は砂浜のどこにも続いておらず。波打ち際に両足揃えてあった。それもすぐに押し寄せてきた波によってさらわれ、消えてしまった。

ヨウさんはカメラに収めた写真を確認してみた。そこにはシャッターを切る前よりも鮮明に先程の人影が写っていた。逆光のせいもあってか姿がぼやけているが、女性の後ろ姿のようにも見えた。

その写真を眺めていると、何故か昔の彼女がすぐそばにいるような気がした。

出来栄えの良い写真といえるものではなかったが、ヨウさんはそれを写真集に入れることにした。クオリティの低いものを掲載することに出版社は難色を示したが、ヨウさんは必死になって交渉した。


ヨウさんが彼女のその後について知ったのは、写真集を出版して暫く経ってからだった。ヨウさんの写真集を見た高校生の頃の友人が電話を寄越してきて、彼に訊いた。

「あの海の写真、いつ撮ったんだ?」

波打ち際に立つ人影は小さく不明瞭なものだった。しかし、友人はその写真を見たときに彼女の姿を思い描いたという。

ヨウさんがいきさつを説明すると友人は、彼女が五年前から行方不明になっていると告げた。ヨウさんは友人の言葉を黙って聞いたという。

田辺青蛙

ごて地蔵

梅田の駅から少し歩いた所に、曽根崎警察署がある。

その敷地の南側に、ごて地蔵と呼ばれる地蔵尊が祀られていることを、知っている大阪人は多いと思う。

ごて地蔵の「ごて」は古い大阪弁で、ごねることを意味するそうだ。

何故そんな名前で呼ばれるようになったかは、こんな理由があると聞いた。


昭和初期に伝染病が大阪市内で大流行した、その時に不動寺のご住職が「この地に埋没放置されている地蔵尊がある。奉祀せよ」と宣託を行ったので、町内の人たちがほんまかいなと半信半疑で掘ったところ、小さなお地蔵さんが土中から出て来た。

それを見て、町内の有志の人たちが祠を作り地蔵尊をお祀りしたところ、伝染病の流行も下火になりこれは霊験あらたかだと評判が広まり、祠にお参りする人が多く訪れ、花や線香が常に供えられるようになったそうだ。

しかし梅田駅の近くということで、昭和の経済成長も相まり、道路の拡張等で祠を移動しないといけなくなってしまった。移動の工事を行う度に、付近で火事や事故が起こったり当時の警察所長が亡くなったりしたので「これは地蔵さんが動くのが嫌やとごてはる」ということで、ごて地蔵と呼ばれることになったそうだ。

元々ごて地蔵があった場所がどこなのかは、調べてみたのだけれどよく分からなかった。掘り出した町内のメンバーの家や、デパートの屋上や、太融寺（たいゆうじ）にも一時預けられていたらしい。

ちなみにごてる地蔵を警察署の敷地内に移動した経緯は、昭和十九年に、曽根崎警察署の高橋署長に地元の町内会の人がお願いしたところ「別にええよ」と言ったことが切っ掛けで署内に安置することが決まったらしい。

現在祀られている警察署の敷地内の場所は気に入っているのか、特に何か「ごてる」ような禍の噂は聞かず、今は交通安全や賭け事にご利益があるという。

敷地内に祀られてはいるものの、警察署は土地を貸しているだけであり、政教分離の考えから警察官がお参りする時は私服でと決まっているそうだ。

先日近隣の人に聞いたところ、元々、疫病退散で見つかったお地蔵さんということで、最近はコロナウィルス関連でお参りをする人が増えたらしい。

お地蔵さんの御利益もどうやら世相を反映するようだ。

ちなみに大阪市内には、ペスト流行時に地面の中から湧くように自分から出て来たお地蔵さんも存在する。

幽霊画の話

大阪の天満（てんま）で飲食店を営んでいた小山さんの話。

「その店の前のオーナーのオムライスが大好きでね、手作りのケチャップが、生のトマトを煮て作ってあって独特の酸味があって絶品だったの。でもねえ、オーナーから、体調を崩して続けられないから閉じるんだよって言われて、じゃあやりますってその場で手を挙げて名乗り出ちゃった。飲食なんかアルバイトすらもやったことなし、丸っきりの素人だったのに、脱サラしてその店継ぐことになっちゃったわけよ。最初は洗い場だけの手伝いだったんだけど、性にあったのか直ぐに調理場に立って料理の手伝いをしだしてね、そうしたらオリジナルのメニューも出したりどんどん店で働くのが楽しくなってきて。そして、これで完全に安心して店を継げるってなって、オーナーも体があちこちガタ来てるしいいタイミングだってんで、ぜーんぶ僕に譲ってくれたわけ。

で、前オーナーの最後の営業日にね、これ肝心なものだから大切にしてね、ちょっと気持ち悪いしびっくりするかも知れないって、カレンダーを外してね、血みどろの幽霊画を見せてくれたわけよ。

なんでもね、前のオーナーが言うには、幽霊画は陰やから陽を呼ぶ。金気は陽やから、客に見せなくってもいいから店内のどこかに必ずかけておいてくれってことだったんだ。けど、店がちょっと軌道に乗り始めてアルバイトを雇いだした時にね、気持ち悪いって言われて処分しちゃったんですよ。

料理の腕は良かったんだけど、前のオーナーはね、風水とか占いとか気にする人でさ、俺はそういうのちょっと苦手っていうか、正直信じてなかったから。

でも不思議なもんでね、幽霊画を捨ててから特にこれと言って何かが変わったこととかなかったのに、客がガタ減りになっちゃって。

それからは値段を下げても、食材をよくしても客足が戻らなくって。ビラ配ったり、千円のビールとつまみのセットを出したり、ワンコイン弁当作ったりと、思いつく限りのことは全部やったよ。

でも全然だめ。そうしたら不思議なもんでね、何か気持ちがさ、ほら、何かありえないことでもいいから頼りたいって気になってくるわけ。

それで、前のオーナーが言ってた幽霊画を飾ってみようって思ったけど、探してもね、売られてないんだよ。画廊とか行っても無いわけ、幽霊画。

しかたないからね〈幽霊〉って文字を筆ペンで書いて貼ったの、トイレに。

無いよりマシかなって。それにその頃ほら、トイレの神様だっけ？ 何かそういう歌が流行してたから。

それで、そのおかげなのかどうかは分からないけど、前より客足が戻ったんだけどさあ、俺も肩を悪くしちゃって鍋を振るえなくなってしまったのと、増税やら赤字の時の影響もあってさ、結局店を閉じちゃった。

前のオーナも別にいいよって理解を示してくれてね。

でもたまに今も仲間内で集まって、料理出したりしてるよ。たまあにだけどね。でね、去年にさあ初詣に天満宮に行った時に、どうしてそういう気分になったのか分かんないんだけど、易者に手相を見て貰ったわけ。

そしたら易者にね、人やなくて文字の形した幽霊がついてます。おもろいなあ、初めてみましたって言われたの。

びっくりして、店のトイレの幽霊の貼り紙のことを話したら、それ燃やしたら肩が軽くなりますよって。

でも、なんかね変に愛着が湧いちゃってさ、俺の書いた下手な字なんだけど、まだトイレに貼ったままなんだよね。

燃やしたら肩が軽くなる代わりに財布の中身も軽くなりそうだって心配してるってのもあるんだけどさ。で、俺の文字でよかったら書いたげるよ。効果あるかどうかは分かんないけど、前に一枚、お客さんに幽霊の字を書いた紙をあげたら分厚い財布拾ったたって言ってたし――。

でも、最近そういやその人来てないなあ。なんかあったんかなあ」

映画村

過去に映画村でアルバイトをしていたというEさんから聞いた話。

「映画村のお化け屋敷って、人形とかじゃなくって実際に人が驚かせるタイプなんですよ。役者の人がね、メイクも衣装もキチっとして驚かせるんで、結構怖いですよ。

で、そこでありがちな話やと思われるやろうけど、ほんまもんの幽霊が出るって話があったんですよ。で、僕はそれを見たという役者の人から聞いたんです。

手だけの幽霊がぼうっと浮かんでね、最初ごつい男の手やなあと思ってたのに、すうっと女の手に目の前で化けたそうなんですよ。いや、形が変わったとかじゃなくって、そう感じるような手の動作になったそうなんです。それを見て、怖いとか恐ろしいとかじゃなくって、幽霊を演じてる役者が出て来たんやと感じたらしいんです。まあ、そいつも暗闇の中でずっと落ち武者の恰好して、客来るまでの間、読経のBGMを聞きながら待ち続けていたらしいんで、どっかおかしくなってたんかも知れないんですけどね。

ただ、そいつはその時に、本当に幽霊を演じる所作の神髄みたいなものを見せつけられたって感じたらしいですよ。

まあ、幽霊って言っても必ずしも死んだら呪うとか祟るとかやのうて、人生でずうっと打ち込んでいた事を続けたい、そう思う人がおってもおかしないとは確かに思いますけどね。それにここは映画村やから」

通り抜け

　タクシーの運転手から聞いた話。

「お客さん造幣局（ぞうへいきょく）の通り抜けってあるやろ？　あれ、なんで通り抜けっていうか知っとる？」

「ん？　八重桜の季節になると毎年やってるやつですよね。桜を通り過ぎながら見るからじゃないですか？」

「うん。そうやけど、なんで通り抜けて見ないとアカンのか、立ち止まって桜を見たらアカンのかは知らんのと違うかな。昔からまあ通り抜けって名称は使われとってんけど、もう少しゆっくり見られたらしいで。

　でもなあ、昭和四十二年にねえ、桜の見物客が将棋倒しになって怪我人も大勢出たうえに、死者も出てしもうたそうで。そっからかなり厳しくなって、今みたいに立ち止まったら、ピーと笛を吹かれて先行けって言われるようになったみたいなんです。私のねえ親父と叔母がね、その四十二年の将棋倒しに巻き込まれまして、肩やら背中を打ってしまって痣になったりしたらしいですわ。私が生まれる前の話なんですけどね。

親父はそんな目にあったのに、通り抜けが再開した時に懲りずに行きましてね。そうしたら出口付近の八重桜の上の方から、この世のもんとは思えないような金属を擦り合わせたような声で『ええなあ、あんたは助かって』って聞こえたらしいんです。私そんな話、親父から聞いてるからあそこの桜を見に行ったこと無いんですよ。怖くって。お客さんからは毎年、行って来たって話を聞いて、見事やったとか今年の桜の種類はどうやったとか、知ることはあるんですけどね。

私は親父みたいに幽霊の声は聞いたこと無いんですけど、植物は色々と声出しますよ。とくに桜はもの言います。意味は外国人の言葉と同じで、あんましよう分からないんですけどね。でも、なんかねえ不吉なことを、ひそひそと話していることが多いような気がしてしゃあないんです。それだけやなくって、あの小さい花全部がね、目みたいに見えてきたことないですか？

桜はねえ、綺麗というか恐ろしい花やと思いますわ。だから私はようじっくり眺めたりできひんし、花見の季節になるとかなり憂鬱になるんです」

そう言って、目的地の桜ノ宮（さくらのみや）でタクシーの運転手は私を降ろして去って行った。

八幡のスーパーで

作家のHさんから聞いた話。

Hさんの実家は京都府八幡（やわた）市にあり、毎年夏休みになると車で帰省している。

帰省初日、Hさんの家族は実家近くにある激安食材とお惣菜で有名なスーパーRに買い出しに出かけた。

時間は正午を過ぎた辺り。アスファルトの表面が熱で溶け、ぬたっとサンダルの裏に引っ付くほどの暑さで、皮膚が焼けるほど日差しが強かったそうだ。

子供たちも長時間のドライブの後なのでテンションが低く、車から降りると俯きがちに駐車場を歩いていた。

スーパーの入り口から少し離れた場所の駐車スペースに、白いセダンの周りをぐるぐる歩き回るジャケット姿の男がいた。

変な奴だなあとHさんは思いながら店の中に入り、寿司のパックやお菓子や麦茶をカートに入れて購入して外に出ると、日差しの眩しさに少しクラっと来たらしい。

子供は二人とも、もう限界なのか眠そうな表情で、自分で選んだお菓子の入った袋を提げて前を歩いている。

「今日は特にあっついなあ」クーラーの効いた店から出て来たばかりだったが、もわっとした熱気にHさんがぼやくように言い、どこに車を停めたかなと辺りを見回すと、車の周りをぐるぐると歩いていた男は、まだ忙(せわ)しなく同じ動きをしていた。

変な人だなと思いながら、そちらを少し見ていたら、男とHさんの目があった。すると、相手が急に片手を頭の後ろに当てて、ぺこぺこと頭を下げ始めた。

奥さんがHさんに「知り合い？」とこそっと聞いた。

「いや、ようわからん。酔っ払いかなあ？」

すると、さっきまで疲れて眠そうな表情をしていた下の子供が急に、火がついたように泣き出した。

いやや、怖い！　怖いと、悲鳴のような声を上げて泣く。

「どうしたんや？」Hさんと奥さんが幾ら聞いても宥(なだ)めても泣きやまず、上の子は傍できょとんとしていたそうだ。

とりあえず、車まで行き、チャイルドシートに乗せても子供は泣きやまず、お菓子やジュースの効果も無く、夕方近くまで泣きわめき続け、やがて泣くのにも疲れたのか寝てしまった。

しかしそれも短い間のことで、一時間もしないうちに目を覚まし、高い熱を出してまた騒ぎ始めた。

Hさんの両親もおろおろするばかりでどうしていいかわからず、夜になると激しく嘔吐し痙攣もしだしたので、これは大変だと大騒ぎになって、小児救急診療所に向かった。

病院での検査の結果、Hさんの子供の病名が判明した。

深刻な病気ではないけれど、敏感な子供が過度の緊張やストレス等によって引き起こされる、心因性の突発的な病気だということだった。

強いストレスや緊張と言われても、Hさんにはピンと来なかった。子供にとって帰省は何度も経験があるし、楽しみにしていたからだ。

Hさんの奥さんも、疲れていたようには見えたけれど、特に強いストレスや緊張するような事はなかったように思うと同意見だった。

ひとまず大した病気でないということで胸をなで下ろし、実家にいったん戻ることにした。

熱のせいで息はまだ荒かったが、すっかり落ち着いた下の子が病院から戻ると、飲料水を飲みながら、Hさんに向かって話し始めた。

「お父ちゃん、あのな」

「どうした？　しんどいならあんまり喋らんとき」

「急に泣いた理由やねんけどな、あのおっちゃんが怖かってん」

「あのおっちゃんって何や？　誰の事や？」

「駐車場におった頭下げてたおっちゃん」

「そうか、なんでや？」

「あのな……もやもやが見えてん」

「もやもや？」

Hさんが訊いてもそれ以上は答えずに、布団に入るとすぅっと眠ってしまった。

翌日、Hさんの下の子供の熱は下がり、顔色もすっかり良くなった。

昨夜言っていたもやもやについて、軽く訊いてみたが、熱のせいかそんなことを言ったことさえ本人はよく覚えていないようだった。

まだ食欲はあまり無いというが、カップに入ったメロンアイスなら食べられるかもしれないということだった。

Hさんはカップに入ったメロンアイスを探しに、コンビニエンスストアに来てみたが見つからず、夕飯の買い物もあったので昨日の昼にも利用したスーパーのRまで行くことにした。

すると、お目当てのカップに入ったメロンアイスが見つかった。良かったとほっとして、他にも下の子が好きな食材を幾つか買ってから車を停めてある駐車場に向かうと、自分の車の少し手前にうずくまっているジャケット姿の男がいた。

今日も昨日と同じくらい暑かったせいもあり、もしかして熱中症かと声をかけようかと思ったが思いとどまった。

離れたところからでもわかる、凄まじい腐臭を感じたからだ。

臭いのつまった見えない風船がパチンと鼻先で割れたような、唐突に強烈な臭さだった。ドブでアンモニアを煮詰めたような眼や鼻の粘膜にささる強い刺激臭に思わずHさんは息を止めたほどだった。

でも、周りの人はそんな臭いが気になっているようには見えず、普通にその男の傍を横切り店を出入りしている。

臭いもその男が目に入っているのも、自分だけじゃないか、そんな気がして、暑さと強い臭さのせいでくらくらしながら、車を運転してHさんは家に帰った。

家でスーパーで買った食材の入った袋に鼻を寄せて、くんくんと嗅いでみたが臭さは感じなかったらしい。

臭いが移ってないことに安心したので、下の子に溶けかけたメロンのカップアイスを渡すと、これが食べたかったんだと目を細めて美味そうにペロッと食べた。

そして、家から持ってきていたお気に入りのアニメDVDを見て、夜には卵を落としたうどんを食べて眠り、翌日にはけろっとよくなり、近場のプールに行って泳いで、夜はちらし寿司を作った。

そんな風に数日間、実家で過ごし、夏休みも終盤に差し掛かった頃、実家から家に戻った。長いドライブで疲れた足を伸ばして何気なくリモコンでテレビを点けた。

すると、帰省中に何度も通ったスーパーRが映っていた。

ニュースを読み上げるキャスターの話によると、スーパーRの駐車場で腐乱死体を乗せた乗用車が発見されて、近くで遺体遺棄の疑いで犯人と思われる男が逮捕されたという。

びっくりしたHさんは、子供たちへの影響を考えてチャンネルをニュースから別番組に切り替えた。

それから、家ではあのスーパーの事件の話題は出さないようにしたし、この夏の帰省についてもしばらくの間、あまり触れないことにしようということになったらしい。

だが、事件のことが気になったので、後日コンビニエンスストアで見かけた週刊誌の見出しに惹かれて、家に持ち帰らなければいいだろうと買って、記事を読んでしまった。

Hさんが見た週刊誌の記事によると、犯人と思われる男は、助手席にずっと交際相手の遺体を乗せたまま二か月間路上や駐車場で生活を続けており、遺体の皮膚や組織はシートにくっ付き、顔の部分はほぼ白骨化していたということだった。

Hさんの家族が駐車場で見た男が、ニュースで報道されていた犯人だったのかどうかは分からない。

下の子が怖がったのは何だったのか、そしてどうして客の出入りが多いスーパーの駐車場で、腐乱死体となったかつての恋人と犯人の男が真夏の車中に居続けられたのかも分からない。

この事件から数年が経過したが、そのスーパーをHさんの両親は今もなお毎日のように利用しているそうだ。スーパーも特に事件の影響もなく繁盛しているという。

丸山政也

電話帳

Tさんは小学生の頃、自宅にある電話帳をめくって眺めるのが好きだったという。

そんなある日、いくつかの名前に赤いボールペンで囲いがしてあるのに気づいた。家族の誰かが、知り合いのところをすぐわかるように記したのだろうとTさんは思っていた。

すると、赤い線が日ごとに増えていく。

こんなに知り合いがいるのかと不思議に感じたTさんは、家族全員に誰が書いたのか尋ねてみたが、皆そんなものは書きこんでいないという。

ところが、ある名前に赤線が囲われているのを見て、やはり知り合いの電話番号なのだと確信した。

友だちの父親の名前だったからである。それだけではなく、別の友だちの祖父の名前にも赤い線が囲われていた。

しかしふたりとも、病気かなにかでその年のうちに亡くなっている。もしかしたら死んだひとの名前が赤く囲われているのかと思ったが、果たしてそんなことをする必要があるだろうか。

きっと偶然だろう——と、そう感じたのは、また別の友だちの父親の名前にも赤い線があるのを見つけたからである。そのひとには、先日友だちの家にお邪魔した際に会ったばかりで、病気をしているふうでもなく、いたって元気な様子だった。

ところが。

それから二週間ほど経った頃、友だちの父親は仕事中に交通事故に遭い、亡くなってしまった。

赤い線で囲われたひとたちは漏れなく死んでしまうのだ——そう考え始めると、電話帳を見るのが、なんだか怖くなってしまった。その後、新しく来た電話帳が玄関の棚に差し挟まれていたが、何年も手にとって眺めることはなかった。しかし、ある用事で必要に駆られ、久しぶりに開いてみたところ、書きこみのようなものはどこにも見当たらない。それからも時折、電話帳を開く機会はあったが、赤い線を見ることは二度となかったという。

今になっても、仕事の書類で顧客の名前が赤く囲われているのを見ると、あのときのことを思い出して、落ち着かない気持ちになるそうである。

老人の背なか

　五年ほど前の朝、会社員のYさんが出勤するため駅へ向かっていると、眼の前に腰の曲がった老人が自転車を押しながら歩いている。歩道は狭いため車道に出ないと追い越すことができない。

　邪魔だな――そう思っていると、老人が着ているベージュ色の上着の背なかに、三つほど濃い灰色の染みができているのが眼に映った。それがどうした按配か、ふたつの細長の眼と開いた口のように見える。

　シュミラクラ現象だろうか、と考えたそのとき、丸まった老人の背なかは少しも動いていないのに、もごもごと、口のような染みだけが、なにかいいたげに開いた。

　思わずぎょっとして後ずさったが、気味が悪いので、一旦車道に出て、老人を追い抜かそうとした。

　ちょうど真横に並んだ瞬間、

「おつかれさん」

そうはっきりと老人がいうのが聞こえたが、Yさんは振り返らず、駅へと急いだという。

そのことと関係あるのかわからないが、会社に着くと、病気で長く入院していた直属の上司である部長が、その日の朝早くに亡くなったことを知らされたそうである。

ふたりが聞いた声

七年ほど前、会社員のTさんが近畿地方のある都市に出張したときのことだという。

休日に単線の電車に乗っていると、閑散とした車両の少し離れた斜向かいの席に、南アジア系とおぼしき色鮮やかなサリーを身にまとった中年の女性が座った。

重そうなキャリーバッグを前に置き、手には地図を持っているので、観光客だろうかと思った、そのとき。

「た、たすけてッ」

そんな男の声がしたので、慌てて周囲を見廻したが、声を発したらしき乗客はどこにもいない。すると、外国人女性も不思議そうな表情で、ちらちらとTさんのほうをうかがうように見ている。

一瞬、この女性が放った言葉なのかと思ったが、さきほどした声は、どう考えても日本人の男性のものだった。いったいなんだったのか、と首を傾げていると、外国人女性は荷物もそのままに、Tさんの座席のところまでやってきて、

「今、耳元で大きな声で『たすけて！』と聞こえましたが、あなたかしら？　でも女性の声でしたし、ヒンディー語だったのよ。『バチャーオー！』って、たしかにそう聞こえたの」

流暢な日本語でそういったそうである。

エリカ

「すごい昔のことなんですけど、いまだにもやもやしてる話なんですよね——」

そういってDさんは語る。

現在、彼は会社員として働いているが、十五年ほど前までアルバイトをしながら音楽活動に明け暮れていたという。

中学生だった三十年ほど前、第二次バンドブーム真っ盛りだった。バンドの花形であるエレキギターを担いで街を歩いていれば、女のコから熱い視線を送られる——そんな時代だったそうだ。

Dさんも五つ離れた兄の影響でギターを始めたが、毎日のめり込むうちにめきめきと上達し、一年も経つ頃には兄よりも巧くなっていた。

高校に入ると軽音楽部に所属し、音楽の趣味の合う者たちとバンドを組んだ。といってもオリジナル曲を演奏するのではなく、一九七〇年代に米国や欧州で流行した曲を模倣する、いわゆるコピーバンドである。それでも中学時代に叶わなかったバンド活動ができることだけでも満足だった。

当初は学校の文化祭で発表する程度だったが、高校二年生のとき、繁華街にあるライブハウスのオーナーから連絡があり、出演の打診を受けた。コピーバンドではあるが、演奏技術が高校生離れしていること、またなによりDさんたちの発する音がオーナーの好みだったらしい。是非うちの箱で演ってほしい、というのだった。

自分たちだけでは埋まらないというのなら、自主制作のアルバムをいくつか出している、最近勢いのあるバンドと対バン形式にしてもいいという。

対バンとはワンマンライブではなく、複数のバンドが一夜に共演することである。対決という意味合いも含まれるが、特に優劣を競うものではない。

ライブハウスで演奏することに憧れていたDさんたちは、すぐその話に飛びついた。

対バン相手の人気は相当なもので、チケットの売れ行きもよく、当日は入りきらないほどの集客だった。そのバンドは『メメント・モリ』という名前で、社会人を中心に結成されたようだが、作っている曲は少し前に海外でブレイクしたニューウェイブに日本の歌謡曲のような甘ったるい歌詞を乗せた感じのものだった。

Dさんたちは硬派なハードロックを目指していたので、正直なところ、彼らの音楽を軽薄なものに感じた。

　年下であるDさんたちは、なぜか彼らに気に入られ、二ヶ月に一度ほどのペースで対バン相手としてライブハウスに呼ばれた。

　そんなある日、メメント・モリのリーダーであるギタリストの男が、

「今度俺らアルバム作ったからさ、よかったらこれ聴いてみてよ」

　そういって、一本のカセットテープを手渡してきた。もらいはしたが、聴く気が起きない。捨ててしまうのも失礼なので、自分の部屋の収納ケースのなかにしまいこんでおいた。

　それから半年ほど経った頃。

　いつものように出演を誘われていたDさんたちだったが、ある日、ライブハウスのオーナーから電話があり、ライブがなくなったという。

　どうしてかと尋ねると、少し口ごもりながら、

「ああ、それがさ——」

　メメント・モリのドラマーの男が死んだというのだった。それも自宅の部屋で首を吊ったというのである。

バンドのメンバーは皆おおむね陽気な性質だったが、ドラマーは無口な男で、楽屋でも挨拶を交わす程度だった。それほど親しい間柄ではなかったが、突然の訃報にDさんは言葉を失った。自殺したというのだが、首を吊ったこと以外、詳しいことはわからなかった。

そんなことがあったのだから、しばらくバンド活動はしないのだろうと思っていたら、その翌月にメメント・モリのリーダーから直接連絡があり、ドラマーの追悼ライブをやりたいから、是非君たちにも出てもらいたいということだった。少なからず縁もあり、断る理由もないので、出演することにした。

当日、楽屋に入ると、メメント・モリのメンバーはすでに来ていたが、いつものような元気はなく、皆沈んだ表情だった。新しいドラマーを紹介されたが、そんな重い雰囲気のなか、亡くなったメンバーについてあれこれ訊くことは躊躇われた。

ライブはつつがなく終わり、それからも以前と同じほどの周期で対バン相手としてDさんたちは呼ばれた。

するとそんなある日、メメント・モリのボーカルの男から電話があり、悪いが次回のライブをキャンセルしてくれ、という。

なぜかと理由を尋ねると、今度はギタリストが死んだというのだった。Dさんたちに一番親しくしてくれたリーダーだった男である。口を濁していたが、ドラマーと同様に自殺を図ったらしい。そのことはDさんたちに大きな衝撃をもたらした。

リーダーが亡くなったとあっては、バンドも解散するに違いないと思われた。実際、それからはライブ出演の声は掛からず、Dさんたちは放課後にスタジオで練習するだけの日々を送っていた。

半年ほど経った頃、再びボーカルの男が電話を掛けてきて、

「新しいギターが決まったんだ。楽曲も一から作り直したから、ライブどころじゃなくてさ。また対バン相手として一緒に出てくれないかな」

メンバーが二人も亡くなっている――それも自殺しているというのに、バンドを解散しなかったことにDさんは愕いた。

新しいギタリストは、痩せぎすで長身の、髪の長い男だった。対バン相手が高校生と知るや露骨に見下したような態度をとってきたので、Dさんは少し腹立たしく感じた。

新曲はすべてこの男が書いたようで、これまでの楽曲とはまったく異なっていた。以前よりもデヴィッド・ボウイやアリス・クーパーのようなグラムロック色が強い曲調で、

歌詞もこれまでとは打って変わったように感じた。

「前よりだいぶいいよねって、俺たち年下のくせに偉そうにいってましたね」

ライブでは以前の曲はひとつも演奏せず、すべて新曲だったので、ファンたちは少し戸惑っているように見えた。

その後も三回ほど対バン相手としてDさんたちは呼ばれたが、高校三年生になって本格的に大学受験を控え、バンド活動を休止することにした。学校を卒業したら皆行き先はバラバラになるので、実質的な解散である。

勉強の合間にふと気づくとギターを爪弾いているDさんだったが、それでも第一志望の都内の私立大学に合格することができた。

春になって上京したDさんは、大学に入学するとすぐに軽音サークルに入って、そこで知り合った者たちと新しいバンドを組んだ。高校時代のメンバーのほうがテクニックは上だったが、それでも再び音楽活動をできることは嬉しかった。

大学が夏期休暇に入る直前、高校時代のバンドのメンバーがDさんに電話を掛けてきて、開口一番、

「おいッ、メメント・モリのボーカルのひと、死んじゃったってよ。信じられるか、これで三人目だぜ。ひとつのバンドで四人中三人が死ぬなんて、いったいどうなってんだよ」

「——はあ？　死んだって、どうして。まさか、また自殺なのか」

思わずそう訊き返すと、

「いや、それが——」

中型のオートバイを運転中、反対車線に飛び出し、向かってきたトラックに正面から突っ込んだのだという。

事故を起こした場所はカーブ道でもなんでもなく、見通しの良い直線道路だった。トラックの運転手は、突然こちらに向かって走ってきたので避けようがなかった、と語っているとのこと。

「だから純粋な事故なのか、そうでないのか、はっきりしないそうなんだ。でも、事故と処理されたとしても、限りなく自殺に近い気がしてならないよ。前のふたりがあんな死に方をしているからさ。——こんなことといったら不謹慎だけど、二度あることは三度あったってわけだ」

電話を切った後、Dさんは暫し茫然としていた。

ボーカルの彼にいったいなにがあったというのか。

それだけではない。ドラマーとギタリストも亡くなっているのだ。

なぜ彼らはあのような死に方を選んでしまったのか。音楽性の違いなどで揉めごとでもあったのだろうか。しかし、そんなことでひとは死ぬだろうか——。

上京時に実家から持ってきていた収納ケースのなかから一本のカセットテープを取り出した。メメント・モリのリーダーからもらった自主制作のアルバムである。

インデックスを見ると、七曲ほどのオリジナル曲が収められている。今まで一度たりとも聴いていなかったことにあらためてDさんは気づいた。

ケースからテープを取り出し、カセットデッキに入れる。少し緊張しながら再生ボタンを押した。

乾いた感じのギターリフ。いかにも冒頭を飾るにふさわしいキャッチーなメロディだが、まったく聴きおぼえのない曲だった。

二曲目はがらりと変わりロックバラード調の曲で、これはいつか聴いたような気がした。たしか自分たちが呼ばれた最初の頃、ライブで何度か演奏した曲に違いない。

カセットケースに眼を落とすと、二曲目のところには『エリカ』というタイトルが記載されていた。どのメンバーが作った曲なのかと仔細に見てみたが、誰による作詞作曲かは書かれていない。歌詞の半分ほどはよく聴き取れなかったが、どうやら亡くなった女性への想いを切々と歌っているようだった。

三曲目からは再び軽快なリズムが刻まれたが、殆どスリーコードだけで構成されている単調な曲ばかりだった。

夏休みに入り、帰省したDさんは、以前世話になったライブハウスに赴き、オーナーに会った。久しぶりの再会とあってオーナーは喜んでくれたが、すぐにメメント・モリの話になった。

オーナーは眉間に皺を寄せながら、

「しかし、アイツらになにがあったんだろう。ひとつのバンドで三人も死んじまうなんて、どう考えてもありえないよ。異常としかいえないよな」

オリジナルのメンバーが三人もいなくなってしまったのだから、バンドの存続は意味がないと、メメント・モリは解散してしまったらしい。

「そういえば、この前初めて彼らにもらったアルバムを聴いてみたんですよ」

そうDさんはいって、楽曲の話になった。

新しいギタリストが加入してから音楽性が変わったことはオーナーも気になっていたようだった。表現力は豊かになったが、そのことで古いファンは離れてしまったのかもしれないな、とオーナー。

「前はもっとわかりやすい感じの音楽だったしさ、アイツら、ほら、ちょっとルックスも良かったもんだから若い子のファンが多かったけど、少し玄人受けっぽくなっちゃったきらいはあるよね」

そのオーナーの言葉で、アルバムに入っていた『エリカ』という曲のことをDさんは思い出した。

「『エリカ』っていう曲、知ってますか。彼らのテープに収録されていたんですけど、亡くなった女性のことを偲ぶみたいな歌詞なんです。あれだけアルバムのなかで浮いているっていうか、あのバンドらしくないなって思ったんですよね」

すると、オーナーは少し考えこむような顔になって、

「……ああ、あの曲か。うん、実はさ、さっきもいった通り、あいつらは結成当初から

女のコのファンが多かったんだけど、そのなかでもひとり熱烈な追っかけをしていた少女がいたんだ」

その少女の名前が『エリカ』だった。

ツンツンと立たせたショートヘアは金髪で、どう見ても学校に行っているようには見えなかった。正確な年齢は知らないが、おそらく十五、六歳ほどだったろう。少女とメンバーの関係は不明だが、四人のうちの誰かと付き合っていたのではないか、とオーナーはいう。すると、一層沈んだ表情になって、

「しかし、そのエリカって少女は亡くなってしまったんだよ。たしか事故かなにかだったと思う。俺もそこまで詳しいことはわからないんだけどさ。そのコが亡くなった直後だったかな、なにがあったのか、解散するしないで、アイツらかなり揉めちゃってね。結局、解散はしなかったんだけど」

メンバーの仲は良さそうに見えたし、そんな過去があったことをDさんは知らなかったので、心底意外に感じた。

オーナーによると、『エリカ』は必ずライブで演奏される曲で、ファンの間での認知度も高かったのだが、ある日を境になぜか急に演らなくなったとのことだった。どうし

てだろうと思っていた矢先、ドラマーの自殺があったという。

エリカという名の少女は、バンドのメンバーにとって、いったいどういう存在だったのか。

オリジナルのメンバーで唯一生き残っているベーシストに訊けば、なにかわかるのかもしれないが、オーナーは連絡先など一切知らないとのことだった。

「バンドのなかで、いったいなにが起きていたのか、なぜ三人が順を追うように死んでしまったのか。今となっては調べようがありません。それにメメント・モリというバンド名。これってラテン語で『死を忘れるな』とか『死を想え』という意味ですけど、あのバンドがそんな荘重な名前を付けたのが不思議なんですよ。まあ、結果ああなってしまっているので、意味深というか、予兆的な感じもしますが」

エリカという少女、またその名前を付けた曲と三人の死は、なにか深い関係がある気がしてならないんです、長年このことがもやもやしていて仕方ないんですよ——。

そうDさんは語る。

後悔

Fさんは人生のなかで、悔やんでいることがひとつあるという。

それは今から二十年ほど前、中学時代にいじめの加害者になったことである。といっても、当時はいじめている意識はなく、軽口を叩いている――今でいうお笑い芸人が「イジる」くらいの感覚だった。似たような行為はFさんだけでなく、クラス中の男子、また女子の数名も行っていたため、尚更、罪悪感のようなものはなかったそうだ。

被害者のN君はそんなふうにイジられる度、少し厭そうな素振りをするものの、笑いながらおどけてみせるので、皆調子に乗って色々なことをいっていた。

「今考えると、なぜあんなことをしていたのかと青くなりますよ。N君だけでなく、彼の兄妹や両親を馬鹿にするようなことも平気でいう奴らもいましたから」

徐々にN君は学校に来なくなり、担任の教師が自宅まで事情を訊きにいったところ、クラスの者たちからいじめを受けていると告白したというのだった。

翌日、クラスの半分以上の生徒が居残りをさせられ、担任から強く説教を受けた。しかし、それからもN君が学校に来ることはなく、三年生に進級するとき、他県の学校に転校したことだけが伝えられた。

自分たちのせいで人ひとりの人生を大きく変えてしまったにもかかわらず、皆N君の存在などそもそもなかったかのように残りの一年を過ごした。

高校、大学に進学すると、三年に一度ほどのペースで中学時代の同級会があり、その都度Fさんも参加したが、転校した生徒のことなど皆どうでもいいのか、N君の話題が出ることはなかった。Fさんも都内の会社に就職し、結婚したり子どもが生まれたりしているうちに、N君のことも、中学時代にいじめの加害者になっていたことも、すっかり忘れてしまっていた。

ところが――。

今から二年前の春の明け方、Fさんは夢を見た。

なぜか彼は学ラン姿で、中学校の教室で椅子に座っている。周囲には誰もいない。眼の前の机を見ると、自分がたしかに書いた記憶のある落書きがあちこちにあった。ああ、これは自分の席だな、懐かしいなあ――と、そう思った瞬間、突然背後から、「Fくん」と呼ばれ、慌てて振り返ると、N君があの当時のままの姿で真後ろの席に腰掛けている。

「四月十三日、○×セレモニーホールで葬儀があるから……ぼくの」

そこでがばりと跳ね起きた。

N君の風貌など、うっすらとしか憶えていないはずなのに、その姿があまりにも鮮烈によみがえったことに鳥肌が立った。それにしても、夢のなかでN君がいった言葉が気になる。四月十三日といえば明後日ではないか。
○×セレモニーホールという施設が存在するのか調べたところ、都心から三百キロほど離れた静岡県内にあるようだった。まさかと思いながらもセレモニーホールに電話を掛けると、明後日にN君の葬儀が執り行われる予定が入っていることがわかり、Fさんは背筋に冷水を浴びたようになった。
これは、ただごとではない。

仕事を休んででも行かねば、とFさんは当日、新幹線に乗って静岡に向かった。

葬儀場に着くと、中学時代の同級生がひとり来ていたので、お互いに愕きながら、「実は――」と話したところ、Fさんと同じような経緯でN君の葬儀を知ったというのだった。

それも仕事の会議中に、一瞬うつらうつらとした、ほんの僅かの間に見た夢のなかに

N君が出てきたのだという。

　葬儀は親族以外、殆どひとの姿はなく、Fさんたちの同世代の者はひとりもいないようだった。N君の両親にお悔やみの言葉を述べると、母親はひどく愕いた表情でFさんと友人の顔を見たが、「ありがとうございます」とお辞儀をしただけで、特になにもいってはこなかった。

　葬儀の後、Fさんは友人と喪服姿のまま駅前の居酒屋に向かった。

「やっぱり、あの頃いじめたことで俺たち呼ばれたのかな。理由はわからないけど。でも、あいつをいじめてた奴なんてたくさんいたのに、なぜ俺たちだけなんだろう」

　友人がそんなふうにいうので、

「いや、自分たちみたいに夢に出てきても、そんな馬鹿なと思って来なかっただけかもしれないよ」

　そうFさんは答えた。友人はなにか考えているように少し思案気にしていたが、ふと顔を上げていった。

「みんなでNのことを散々イジっていたけど、よくよく思い出してみると、俺たちだけは、あいつの親兄妹に関して、どうこういうことはなかった気がするんだよね。本人はともかく、家族を侮辱するのは子ども心にも気が引けてさ」

いわれてみれば、当時、そんなふうに自分も思っていたかもしれない、とFさんは感じた。

それにしてもさ、と友人。

「呼んだのが、このふたりだけって、あいつ引っ越した先で友だちできなかったんだな――」

N君の死因は結局わからなかったという。

冨士玉女

いいから

プログラマーのカズマさんが徹夜続きの合間を縫って、シャワーと着替えをしに家に戻った時のこと。

全身洗ってスッキリしたら、眠気が一気に押し寄せて来た。

寝たらまずいなと思いながらも抗えず、一時間だけ仮眠を取ることにした。職場に戻る時間をメールすると、間に合うようにアラームをセットした。

アラームが鳴っている。起きなきゃ。

目は覚めたものの身体が動かない。

どうなっているんだこれは？

怖いというより、軽くパニックに襲われた。動かない起きなきゃ仕事に行かなくちゃ。

「いいから、いいから」

耳元で声がした。よくないよ、なにがいいからなんだよ。

「いいから、いいから」

声はずっと聞こえている。

ずいぶんと長い間、動こうとあがいていたような気がする。

突然、ハッとこわばりが解けた。時計を見たらアラームから一〇分経っている。

まずい、と慌てて寝起きの顔を水で洗い、家を飛び出した。

予定していた時間より少し遅れて戻ると、事務所のある雑居ビルの入口に車が突っ込む事故が起きていて、周囲が大騒ぎになっていた。

予定通り事務所についていたら、巻き込まれていたかもしれない。

そう思うと、あの「いいから、いいから」と言った声が、一昨年に事故で亡くなった兄貴の声に似ていたような気がするんだよな。

そう言ってカズマさんが教えてくれた話。

毛髪

近所のバーテンダーのタカオさんから聞いた話。

子供の頃のこと。夕方の近所の小さな公園で、友達と砂場を掘り返す遊びに熱中していた。

「わけもない遊びですよ。掘り返して深くなると水が滲み出てきてね。そんなことでも面白がるじゃないですか、子供って」

そこいらに転がっている棒や誰かが忘れていったプラスチックのままごとの椀を使って、砂を一心不乱に掻き出して大きな穴を掘っていく。

随分と穴は深くなってきたが、水は出てこなかった。

代わりに髪の毛の束がごっそりと出てきた。

長さは四、五十センチほどにもなる黒い直毛が、掘れば掘るほど束になって穴から出てくる。

「なんだこれは、と面白がって引きずり出して遊んだ。気持ち悪いなんて思わなかった」

陽はもう沈みかけている。

続きは明日の朝にしよう。春休みの時期だったので、朝の早い時間に集合することを約束して家に帰った。

翌朝、一番に公園に駆けつけたタカオさんだったが――。

砂場に開けた穴は何事もないようになくなっていた。引きずり出した髪の毛も、文字通り一本残らずなくなっていた。

「それだけなんですけどね。あれはなんだったんだろうって」

面白いことに、この話を思い出したり話をしたりすると、家に帰ってから床に落ちている何本もの長い直毛の髪の毛を見つけるのだという。

「怖くはないんだけどね、なんだろうって本当に思う。彼女はショートカットなので浮気を疑われるから、今夜も帰ったら大掃除しますよ」

毛髪その2

髪の毛に纏わる話がもうひとつある。ライブハウスのオーナーであるアツヒコさんに聞いた話。

若い頃、自身も舞台に立って独り芝居を興行する役者でもあったアツヒコさんは、地方都市で公演した際、知り合いの伝手で安い宿に宿泊した。

「宿と言っても、今でいう民泊みたいなところで。ワンルームマンションのオーナーが芸能や演劇人に理解のある人で、僕らみたいな熱意はあるけど金はないというのを安く空き部屋に泊まらせてくれるっていうんだよ」

知り合いの伝手なので、そのオーナーとは面識はない。

「知り合いに地図とカギを渡されて、幾らだったか憶えてないけど彼に現金をそのまま払ったんじゃなかったかな。出るときはポストに鍵を入れておいて、みたいな」

四階建てのこじんまりしたマンションで、一階にある部屋だった。

舞台を終えて打ち上げをしたら、一緒に来ていたスタッフは友人の家に泊まると言っていなくなった。アッヒコさんはひとりでワンルームに向かった。

小さなキッチンスペースもあるので１Ｋという部屋になる。風呂とトイレが別で全体に少しゆったりとした作りになっている。置かれているのはパイプベッドと布団一式、向かい合うように二人用ソファがあるのみだった。

「寝るだけだし、その一泊だけだったから何の文句もなかった」

打ち上げでだいぶ飲んだとはいえ、アッヒコさんは酒に強い。深夜、泥酔することもなく部屋に帰ると、すぐさま風呂に湯を溜めて浸かった。

すでに深夜二時を回っていたという。

ゆっくりと身体をほぐして風呂から上がると、Ｔシャツにトランクス姿でベッドに腰をかけた。

「ふう」

さて、もう寝よう、明日は午前中に撤収して東京に戻らなくては。

立ち上がろうとした時だった。身体が動かない。

座ったままの姿で顔すらも動かせない。

「何が起きたのかよくわからなくて。でもそのうちキンキンと耳鳴りみたいな音がしてきて――」

〈パチンッ〉と音がしたように思った。その瞬間、自分座っている場所と目の前のソファの真ん中で色が変わった。自分の座っている側は電気が点いているように煌々としているのだが、ソファ側は電気が切れたように暗いのである。

「部屋の真ん中で、線で描き分けたようにコントラストが違っている光景なんて見たことないから、びっくりしちゃったよ」

びっくりはもうひとつ、暗闇の中、目の前のソファに小さなお婆さんが座っていた。文字通り、身の丈五十センチほどしかなさそうな身体で足を浮かせてソファに座っている。頭の白髪が身体の丈と同じほど長い。それがなぜか気になった。

目の前のお婆さんがにやりと笑ったような気がした。

と同時に、ソファからにじり寄るようにこちら側へと移動してくる。

暗闇の中から移動してきたそれはどうもアツヒコさんの足元にいるのだが、身体も顔も動かせないので確認のしようがない。

「俺の足元にいるのはわかる。でも目で確認できないし、そこで初めて恐怖が押し寄せてきて――」

ふと気がつけば、左の足の親指に変な感触がある。ヌルリと指を這い回るこの感じ、なんだろう、と考えるうちに、あっと思った。

口でしゃぶられているのである。

「うわあ、やめてくれと恐怖度マックスですよ。気を失うかもなこれ以上怖いと、なんてことを思っていたら――」

舐められている足の指先を含め全身が心地よくなってきた。

「妙な感覚、夢見心地になっちゃって」

気がついたら朝になっていた。すっかり眠ってしまっていたのだが、ちゃんとベッドの布団の中に入っていた。

夢だったのか、それにしても気持ちが悪いんだか良いんだかわからない奇妙なことだったな。

布団から出て立ち上がった。左の足の親指に妙な感触があり、屈んで見てアツヒコさんは顔をしかめた。
四、五十センチもあろうかという長い白髪が数本、左の親指にグルグルと巻き付けられていたのである。

「またそれが結構しっかりと巻き付けられていて、泣きそうになりながらほどいて取って捨てました。あれがなんだったのかわからずじまいです」

そのマンションの部屋にはそれから行くこともなかったし、紹介してくれた知り合いともその後疎遠になった。

部屋に曰くがあったとしても、もう確認しようもないが——

「気持ちがよかったという感覚だけはリアルに残っているんでね。まあいい経験だったかなとも思ったりする」

とのことである。

ループ

東北に住む友人から聞いた話。

遺跡がそのまま公園のようになっていて、その敷地を沿うように国道が走っているK塚という場所がある。国道からK塚に入る道が分かれているところに電話ボックスがあり、そこを過ぎると短いトンネルになっている。

K塚は遺跡と言っても小高い丘のようになっているだけで、なにも観光するものもない。なので昼間でも訪れる人があまりいない場所である。

ナガイさんは週二回、車で息子の塾へ迎えに行く。その夜もいつも通り、建物から出て来た息子を助手席に乗せると国道を通って自宅へと向かっていた。

助手席で息子は学校であったこと、今頑張っているクラブのこと、友達のユウタとの面白かったことなど声高に一人でしゃべり続けている。

うん、うん、と適当に相槌を打ちながら運転していたナガイさんは、少し先に見えて来た右手の電話ボックスの前に、人が立っているのに気がついた。

田舎の道である。後続してくる車もいない。

スピードを落としてよくよく見ると、若い女性である。

一瞬、なんか嫌だな、と思った。でも昼間でも人が歩いていないような場所で夜中に近い時間、それも女性がひとりで立っているのは見過ごせなかった。

近づくと車を停めて、運転席から「どうかしたの？」と声をかけた。

「具合が悪くて、乗せてほしい」

小さな声で聴きとりづらかったが、やはり助けが必要な状況だったようだ。

「後ろに乗って」

そう言うと、女性が後ろに乗り込んだ。ついでに助手席に目をやると、息子はいつの間にか眠りこけている。ナガイさんは（今寝るのかよ？）とびっくりしたが息子はさておき、女性に、

「どこまで行きます？　トンネルを抜けたところに総合病院があるからそこに行きますか？」

問いかけると「はい」と答えがきた。

車を出すとトンネルに入った。病院まではトンネルを抜けて一キロもない。

トンネルを抜けて「あれ?」と思った。

しばらく走ると右手に電話ボックスが見えてきた。そしてトンネルの前にさっき乗せた人と違う女性が立っている。

「あれ? トンネル抜けたよな?」

電話ボックスが近づいてくる。なぜそう聞いたのかわからないが、咄嗟に後ろにいる女性に声をかけた。

「お友だち?」

「はい」と答えが返ってきたので、妙な気がしながらも停車してその女性を乗せた。

車を発進させながら、

「こんな夜中にキミたちどうしたの? 旅行者なの?」

そう聞いたが、後部座席の二人は答えない。また目の前のトンネルに入って行った。

トンネルを出てしばらく走ると、右手にまた電話ボックスが見えてきて、その前に今度は男性が立っている。

「ええ?」

そこでナガイさんはハッと気がついた。これはハマってしまったんだ。

実はこのあたりで言われている都市伝説とよく似た状況であった。ループにハマってトンネルから出られなくなる、そんな話だったはず。ハナから信じていなかったが、それこそこの状況ではないか？　あの話、最後はどうなるんだったっけ？

助手席で息子は寝息をたてている。嫌な汗をかきながら、ナガイさんは車をゆるゆると進める。電話ボックスの前に立っている男性の前で停まって声をかけた。

「お友だちですか」

「はい」

そういうと後部座席に乗り込んで来た。後ろに得体の知れない者が並んで座っている。

誰も答えない。

「病院に向かうので、いいんですよね――」

車を出してトンネルに入った。抜けてしばらく走るとまた前方に電話ボックスが見えてくる。何者かがその前に立っている。

助手席の息子は寝ている。どうしたものか――。

電話ボックスの前で停まり声をかけると、四人目の人が後部座席に乗り込む。

後ろを見ると、三人が並んで座っていて、最初に乗せた女性がいなくなっていた。

それからも、トンネルに入り抜けると前方右手に電話ボックスが見え、立っている人に声をかけて乗せると、またトンネルに入る——老若男女が次々と乗りこんでくる。

やらされている。

怖いというよりも、どうしたら抜けられるのだろう、これはいつまでやらされるのだろう。ナガイさんは思いながら、延々と人を乗せてはトンネルを抜けて人を乗せてはトンネルを抜ける——。

いつ抜けられるのかわからないから半ばムキになり繰り返すが、どうしてもトンネルから先に行けない。

何周まわったか、どれほどの時間が経ったのか。

また電話ボックスが見えてきた。立っている人を見ないように、ほんの一瞬グッと目をつぶった。恐る恐る薄目を開けて様子を見ると、電話ボックスの前にいた人影がいなくなっている。停まらずにトンネルに突入した。

ルームミラーで後ろを見ると、並んで座る三人の姿が薄くぼやけた。

これはいけるかも！　スピードを上げると一気にトンネルを抜けた。

トンネルを抜けた瞬間、助手席で眠りこけていた息子が急に起きて、塾での話をしゃべり出した。

「おいおい、おまえ、寝てたやろが」

「え？　お父さん何言ってるの。さっきからずっと話をしているよ！」

息子は、自分は車に乗ってから居眠りなどしていない、と頑なに言い張る。確かにそうなんだろう。何時間も経っている気がしたが、いつもの帰り道と同じ時間だった。

息子は脂汗ダラダラの父親の顔を見て、不思議そうな顔をしたという。

それからも電話ボックスの前を通り、トンネルを行き来しているが、この体験はその時だけだと言う。

帰る人

　ヒデコさんはその日、久しぶりの残業で事務所を出たのは夜中の一時をちょうど過ぎたところだった。

　そこはオフィス街なので、ヒデコさん以外に人影はほぼない。

　事務所横のコンビニで明日の朝食用に菓子パンとヨーグルトを買い、タクシーが通るのを待った。

　時間のせいか、なかなか空車が来ない。

　気候も穏やかな季節だし、先ほどまで没頭していた仕事のせいで疲れてはいるものの頭は冴えていたし、遅くなることを覚悟しての今なので、クールダウンにはちょうどいい。さほどイラつきもせずに待っていた。

　空車が来る。停まったので乗り込んだ。

「M駅の近所なのでそこまでとりあえず。近くまで行ったら道を言います」

　自宅は一方通行の多い地域にあるので、入り方を間違えると大回りされる。なので最寄駅を伝えて、その後は指示をしてマンションの前に着けてもらうようにしている。

そうすると二千円弱で着く距離だ。

「わかりました。M駅ですね」

運転手が復唱して動き出した。

「ふう」と一息をして気を緩め、背もたれに身体を預けた。

「お客さん、昨日もあの場所から乗りましたよね」

しばらく経って突然、運転手が言った。

「え？」

後部座席から運転手を見る。顔はもちろん見えないが、口元が微笑んでいるように思う。

「昨日も、おんなじ時間に、あの場所から、お客さん、乗せましたよ」

念を入れるように運転手が再び言う。

「いえ、それは違う人ですよ。私、車で帰るの久しぶりですもん」

軽く返事をした。

「いえいえお客さんでしたよ。女の人であの場所からM駅まで行ってと言われましたし。

それで思い出したんですよ。偶然だなと思ってビックリしたの」

「ほんと私じゃないよ。うちの近所に住んでいる人が職場も近所ってことなのかしらね」

苦笑いしながら、そんなこともあるのかなと思いながら言った。

運転手が黙った。車はM駅の近くにやってきている。

「あ、駅方面に曲がってその次の――」

一方通行に入る最短の道を教えようと声をかけると、運転手が後を継いだ。

「次の信号を越してすぐの川沿いの道を右折ですよね。昼間は入れないけれど夜間は通れるのを、タクシー運転手でも知らない人が多い――んですよね」

「え？」

なんで私が言おうとすることがわかるの？

「やっぱり昨日乗せてますよ。お客さん、同じこと言ってましたし――」

それで、この道の二つ目の角を左折でしょ？　青い屋根が目印のコーポの隣、コインパーキングの前で停めるんでしょ？

ヒデコさんは何も指示しないまま、タクシーは自宅マンションの前で停まった。

ヒデコさんは降り、タクシーは走り去っていった。

入口から見上げて三階の角部屋がひとり暮らしをしている部屋だ。

「私でない誰かが帰ってきているんでしょうかね？　あれ以来、家に帰るのがなんだか気持ち悪くて」

友人のヒデコさんに聞いた話だ。

つくね乱蔵

コッカッ

加納さんが建設業に携わっていた頃の話である。

ある日、加納さんは高校の同級生である大島から連絡を受けた。何やら訊ねたいことがあるという。

高校時代は一緒に遊んだ仲だ。卒業後、就職した加納さんと違い、大島は名の通った大学に合格した。

それ以降、お互いがそれぞれの道を進み、連絡を取り合うことは無かった。

唐突とも思える連絡だったが、断る理由はない。加納さんは指定された居酒屋に出かけていった。

十年ぶりになるが、一目で分かった。大島は高校時代の顔つきのままであった。

近況を報告し、互いの持つ情報を交わしあい、話は本題に入った。

建設のプロと見込んでの相談だという。

中古の家を購入したのだが、おかしな事が起きるというのだ。

元々の持ち主は芸術家だったらしく、広い屋根裏部屋がある。そこで妙な音がする。

コッ、或いはカッと聞こえる。打撃音のようでもあるが、そこまで鋭くはない。

木材が乾燥して出る音などの、自然現象かもしれない。無視しようと思えば何とかなる程度の小さな音だ。

昼間はそれで良いが、深夜はさすがに気になる。息子と娘は二階に部屋がある。

我慢できない、このままでは学業に支障が出る。息子がそう言い出した。

とことん調べてみると言って、息子が屋根裏部屋に上がった。あちこち歩きまわっているらしく、足音が聞こえてくる。

五分程経った頃、件の音が始まった。コッ、コッと連続して鳴っている。

音は、息子の後を追いかけるように動いている。

得体の知れない不安に包まれた大島は、息子に降りてくるように声をかけた。

「はーい、今降りるよ」

息子と共に音も近づいてくる。

コッ、カッ、コッ、カッ
階段を降りてきた息子を見て大島は言葉を失った。音を立てているのは息子であった。

「コッ。カッ」

どうやって出しているか分からないが、あの音が口から漏れている。

一番下まで降りた息子は、大島の前まで来ると、コカカカカと連続音を発して気を失った。

そこまで話し終え、大島は加納さんの顔を覗き込むようにして訊いてきた。

「なぁ、どう思う。建材とかの音だよな？」

息子さんの事はともかく、屋根裏の音は現場を見てみない事には何とも言えない。そう答え、加納さんは大島宅を調査する約束を交わした。

一週間後、約束の時間より五分程早く、加納さんは大島の家に着いた。

呼び鈴を押したと同時に大島が出迎えてくれた。

玄関で待っていたらしい。早速、現場に向かう。二階には大島家全員が集まっていた。

加納さんが挨拶をしようとした瞬間、屋根裏部屋で音がした。

大島が表現した通り、コッ、カッと聞こえる。

「なるほどこれですね」

その言葉を切っ掛けに、音が増えた。一か所だけに留まらず、あちこちから聞こえてくる。

屋根裏部屋を隈なく埋め尽くす勢いだ。木材が乾燥する音どころの話ではない。

その音がすぐ背後で聞こえた。

加納さんが振り向くと、大島家全員の口から全く同じ音が出ていた。

微動だにせず、目の焦点も合っていない。

コッカッコッカッコカカカ

あんなに連続して音が出せるものなのか。呼吸はどうしているのか。

そこまでが限界だった。加納さんは悲鳴をあげて逃げ出した。

大島からの連絡は拒否し、関わらないようにしたため、その後どうなったかは分からない。

十数年経った今でも、あの音は鮮明に思い出せるという。

見えなくなった

市川さんが、現在の住居に引っ越してきたのは、去年の冬のこと。

駅から車で七、八分の閑静な住宅地である。

緑の多い環境がそうさせるのか、近所も穏やかな住人ばかりだ。

荷物をあらかた片づけ、市川さんは妻の朱里さんを連れて外食に出た。

母になる予定の朱里さんは安定期に入っており、運動を勧められていたのである。

のんびりと歩いて駅前に向かう。その途中も笑い声が絶えない。

幸せという以外にない時間だ。

少々飲み過ぎてしまった市川さんは、朱里さんと手を繋いでタクシー乗り場に向かった。

あと少しというところで、朱里さんが突然立ち止まった。

繋いだ手が細かく震えている。

「どした？」

朱里さんは返事もせずに、市川さんを引っ張ってコンビニに入った。

わけも分からないまま、店内から外を見る。

朱里さんが怯えるようなものは、何も見えない。

更に訊くと、朱里さんは掠（かす）れた声で言った。

「エスカレーターに向かってる黒いコート着たおじさん、あの人きっと酷い目に遭う」

視線をエスカレーターに向ける。確かに黒いコートの男性がいる。今まさにエスカレーターに乗ったところだ。

「あの人がどうなるの？」

「分からないけど、絶対なにか起きる」

朱里さんの言う通りであった。直後、エスカレーターの上から、先ほどの男性が転がり落ちてきたのだ。

意識はあるようだが、顔面を強打したらしく、鼻と口から激しく出血している。

すっかり酔いが醒めた市川さんは、震えが止まらない朱里さんを助けながら駅前から離れた。

自宅に戻り、ようやく落ち着いた朱里さんは、自分が見たことを話し始めた。

タクシー乗り場の看板の上に、もやもやした黒い煙が浮かんでいたのだという。

よく見ると、どうもおかしい。煙にしては濃密で、しかも形が変わらない。

目を凝らして見つめると、煙は更に濃厚になっていく。

何故か分からないが、老人の生首に思えて仕方ない。

煙は唐突に看板から離れ、付近にいる人達の上をふわふわと漂い始めた。

そして選んだのが黒いコートの男性だった。

煙は、男性のうなじにピタリと貼り付いた。男性は何も気づかず、エスカレーターに乗った。

事故の後、煙がどうなったかまでは見ていない。

今までそんな物を見たことがないのに、何故急に見えてしまったか見当もつかないという。

話は分かったが、俄(にわ)かには信じられない。

それでも、これほど怖がる朱里さんを無下(むげ)にはできない。

大丈夫、見えるなら避けられるだろ。近づかなければ良いだけだよ。

そう言うと、朱里さんはようやく落ち着いた。

その後、市川さんは駅を利用する度、周辺に注意した。

朱里さんが言うところの黒い煙は、終ぞ見かけることは無かった。

出産予定日を来週に控えたある日、市川さんが帰宅すると朱里さんの姿が見えなかった。

産院に行ったのかと焦ったが、朱里さんは寝室の片隅で毛布を被って震えていた。

灯りも点けず、何故か雨戸を閉めている。

「どうした、朱里」

声をかけた途端、朱里さんは声をあげて泣き出した。

小一時間ほどかけ、何とか落ち着いた朱里さんに事情を訊く。

例の黒い煙が、自宅周辺に現れたのだという。

買い物帰りだった朱里さんは、煙が近くの公園に向かうのを見届け、自宅に逃げ帰り、隠れたのである。

十分程経った頃、救急車のサイレンが近づいてきて児童公園の近くで止まった。

「あの煙、どこにでも来る。駅前で獲物を待ってるだけじゃない」

そこまで話した朱里さんは、また怖くなったのか声をあげて泣いた。

それからも度々、朱里さんは黒い煙を見かけた。

駅前、住宅地、時に病院。

現れた場所で、人間に取り憑き、大怪我を負わせる。

そういった存在なのだろうと、市川さんは思っている。


出産後、朱里さんは黒い煙を見かけなくなった。

消えたわけではない。自分が見えなくなっただけと信じている。

朱里さんは常に怯え、以前のような笑顔を見せることは無くなった。

産まれた子は元気な男の子だったが、滅多に外に出そうとしないため、夫婦仲は最悪だという。

辞職の理由

この春、木村さんは仕事を辞めた。

次のあては無かったが、とにかく今の職場から逃げ出さねばならなかったのである。

その理由を述べるには、木村さんの少女時代まで遡(さかのぼ)らねばならない。

物心ついた時から、木村さんには不思議なものが見えた。人の背後に立つ黒い影である。

見えたからと言って、特に支障は無い。早い話が無視すれば良いだけだからだ。

明確に人の姿をしていたら、目を奪われていただろうが、幸いにも木村さんに見えるのは単なる影だ。

男女問わず全員が影を連れている。弱々しく、色も薄い影を連れている人は、どことなく体調が悪そうだ。

老人の中には、数多くの影を連れている人もいた。

経験を重ね、身内や知人の死に触れる機会が増えるからだろうと、木村さんは推測していた。

そういった様々な要素から考え、この影は守護霊という存在ではないかと判断していたそうだ。

薄いからといって、あなたの守護霊はこうなってますよ等と相手に教えたりはしない。

そういった一切合切を含めて縁を結ばない。

関心すら持たないように心掛けていた。そこまで徹底したおかげで、今まで平穏無事に過ごせてきたのである。

不思議なことに、自らの背後は分からない。それはそういったものかと納得するしかなかった。

社会人として働き始めてからも、影を無視する習慣は続けていた。

むしろ、より一層注意していた。

昨年の秋、木村さんは転勤の辞令を受けた。

地方ではあるが大都市であり、やり甲斐がある。木村さんは自らに喝を入れ、現地へ飛んだ。

出社一日目、木村さんは困惑していた。社内にいる全ての人達が、何も連れていないのである。

社員のみならず、清掃や警備の人達も同じだ。

もしかしたら、自分の力が無くなってしまったのかも。その思いは終業後、見事に崩れた。

いつものように町の中には、影を連れた人達がいる。自分が変わっていないのは確かであった。

翌日、出社した木村さんは念を入れて確認してみた。

同じ部署の人だけでなく、社員食堂、休憩所、トイレでも調べてみる。見た限り、出会う人全員に守護霊がない。

こんな経験は初めてである。とりあえずこれからどうするか、木村さんは迷いに迷った。

誰にも相談できないまま、三日目を迎えた。やたら不安だけが募ってしまう。

重い足を引きずって会社への道を辿る。正門前から警備員の挨拶が聞こえてきた。

ふと見ると、今日は二人立っている。若い方の腕に研修中の腕章がある。その警備員の背後に黒い影がいた。この社屋で初めて見る黒い影である。妙な言い方だが、その影を見て木村さんは安心したという。

やはり、奇跡的な偶然で、守護霊を持たない人が集まったのだろうか。自分にそう言い聞かせ、その日を何とか乗り切った。

更衣室を出て、正門に向かう。研修中の警備員は受付に座っていた。軽く会釈して通り過ぎようとした木村さんは、愕然として立ち止まってしまった。背後の影が一目見て分かるぐらい薄くなっている。朝は墨のように黒かったのだが、今は向こう側が透けて見える。

なにこれ。いったい何なのよ。

口の中でぶつぶつと呟きながら木村さんは足を速めて、その場から逃げ出した。

帰り道、冷静に考えてみる。守護霊が無い人達が集まったのではない。あそこで働くうちに薄れていくのだ。

あれこれ思いを巡らせているうち、木村さんはふと気づいた。自分はどうなっているのだろう。

そこから先に進めなくなった。
あんな所に三日間も。このままだと私の背後も。いや、もう無いかもしれない。
だから辞めたのだという。既に手遅れかもしれないが、それすら分からない。

部下を思う

山根さんの部下に横田という男がいる。
趣味は寝る事と公言して憚(はばか)らない。まことに暢気(のんき)な男であった。
その横田が相談に乗って欲しいという。
かなり深刻な様子だ。部下思いである山根さんは、二つ返事で了承した。
深刻な顔で横田が切り出したのは、職場の人間関係の相談であった。
二人と同じ職場に徳山という女性がいる。
今年で五十五歳のいわゆるお局様だ。仕事はできるし、責任感も人並み以上にある。
が、それに比例してプライドが高い。
ほんの少しでも、自分の仕事に疑問を抱かれるのが我慢ならない。
常に己は完璧であり、他人はそれに追随すれば良い。
口にこそしないが、そう思っているのは明らかである。
横田は暢気な人間であり、仕事もマイペースだ。ミスが無いように、自分で確認しながらやる。

それが徳山女史には我慢ならないらしい。つい先日も面と向かって、こんなことを言われた。

「それは私が確認済みです。あなたが余計な事を訊くと、私の伝達にミスがあったと思われてしまうでしょう」

いくらそんな事はない、自分はうっかり屋だから念を押しておきたかったのだと弁解しても無駄であった。

その日からまともに口をきいてくれない日々が続いているという。

なんだ、そんなことかと山根さんは笑い、できる限り優しく言った。

給料をくれる相手は誰だ。徳山さんに嫌われようが、ミスが無い方が良いに決まっている。

延々と一緒にいなければならないわけじゃない。一日のうち、たった八時間だけだろう。

横田は弱々しく頷き、それは分かっていると答えた。

「実は、気になっているのはそれだけじゃなくて」

そこから先の話が、些(いささ)か異様であった。横田は夢の話を始めた。

夢の中で横田は、徳山に暴力を振るっているというのだ。

言葉にはできないほど、凄まじい行為に吐きそうになって目が覚めるらしい。

自分は、そのような暴力を好む人間だったのか。いつか本当にやってしまうのではないか。

それが相談の全てであった。

山根さんは戸惑ったが、笑い飛ばせる内容ではない。慎重に言葉を選び、横田を落ち着かせた。

深層心理の事までは分からないが、そうやって夢の中でストレスを発散できているうちは、実行しないのではないか。

むしろ、その夢がガス抜きとなっている。無理に止めたり、必要以上に悩むより、心を委ねた方が良い。

その答えは、横田を安心させたようだ。話し終える頃には笑顔が戻っていた。

だが、事態は思わぬ方向に向かった。

数週間後、出勤した山根さんは更衣室で横田に呼び止められた。今回は相談ではなく、報告だという。

「山根さん、僕、幽体離脱に成功しました」

返事に詰まる山根さんに向かい、横田はメモを取り出して説明を始めた。

「いいですか、これが徳山の部屋です。あのおばはん、おやじみたいな恰好で寝てるんすよ。壁に貼ってあるのはアイドルのポスター。気色悪っ！」

事細かに説明を続けていく。二枚目のメモに徳山の日常が箇条書きにされてある。

「それでね、僕ちょっと力がついたみたいです。見ててくださいよ、あいつ、先ずは右手を骨折しますから」

お前は何を言ってるんだと言い返すのがやっとである。横田は意気揚々と帰っていった。

それから数分後、総務部から連絡メールが入った。徳山の欠勤の報告であった。夜中に自宅の階段から落ち、右手を骨折したとの事である。

横田はそれからも報告と称して、徳山に何をしたか得意げに教えてくれた。

大怪我をさせる気はないらしい。じわじわと痛い目に遭わせるのが楽しくてたまらないという。

質の悪い妄想と決めつけるのは不可能だった。横田の報告通り、徳山は不幸な目に遭っている。

このままだと、働けるような体ではなくなってしまう。徳山は辞職せざるを得ないだろう。

山根さんは胸の中で横田を応援しながら、その日が来るのを心待ちにしているという。

封印

今から三十年ほど前、吉川さんに起こった出来事だ。

当時の吉川さんは、大学を卒業したばかりであった。

将来はミュージシャンとして成功するつもりだったため、就職はせずにアルバイトで稼ぎながら頑張っていた。

大学の軽音楽部の仲間達と組んだバンドは、色々なライブハウスに出演が決まり始めていた。

吉川さんはギター兼ボーカル。後はドラムの武田、ベースの上条。互いの長所も短所も知り尽くしたメンバーである。

ある年のこと。吉川さんは有名なオーディションへの応募を決めた。

他のメンバーと話し合った結果、新曲作りを兼ねて合宿をしようという話が持ち上がった。

宿泊先は、とある高原にあるホテルだ。メインは冬場のスキー客のため、夏はかなり安く泊まれる。

学生時代に軽音楽部の合宿でもよく使った場所である。

予定としては二泊三日。その間にオーディション用の曲を仕上げるつもりだ。

現地までは、ドラムの武田の車を使う。交代で運転し、車はにぎやかに進んで行った。

「えーと、あのトンネル抜けて十分ぐらいだっけか。久しぶりだから自信ないわ」

「一本道だったと思うけど。違ったら野宿だな」

のんびりした会話がふと止まった。武田が速度を緩め、前を向いたまま言った。

「人がいる。なんだあれ」

武田が顎で示すまでもない。トンネルの前に村人らしき男達がいる。全部で五人。踊っているような動きだ。

首を左右に曲げ、所々に痙攣の真似が入る。見ていると不安に駆られる動きである。

吉川さんの車には目もくれず、男達は踊り続けていた。

それ以降、吉川さん達は会話が途切れ、沈黙のまま旅館に到着した。

宿に入ってしまえば、根っから陽気なバンドマンである。温泉に浸かり、腹ごしらえをし、バカ騒ぎしながら玄関に向かう。

本館から少し離れた場所にある別館の一室が練習場だ。冬場はスキー板の乾燥に使っている部屋らしい。

チェックを兼ねて、何曲か続けて演奏してみた。コンクリート打ちっ放しのせいか、適度な残響が心地よい。

予想以上に練習は捗り、新曲の形が見えてきた。こうして一日目が終わった。

二日目の朝食後、体力作りのためのマラソン開始。

だらだらと走り始め、山道を進んでいく。前方に墓地が見えてきた。村の共同墓地らしい。

早朝にもかかわらず、沢山の村人達がいる。幾つかのグループに分かれ、墓地のあちこちに立っている。全員が、ほぼ直角に項垂れて微動だにしない。

線香の一つも上げず、花やお供え物も見当たらない。

変な墓参りだなと小声で言い合いながら、吉川さん達は先に進んだ。しばらく行くと、少し開けた場所に出た。

付近の景色が一望できる。先ほどの墓地も見えた。

村人達は、墓石の周りを踊りながら回っている。
その踊りは、トンネルの前で見たものと全く同じであった。
首を左右に曲げ、時々痙攣する。
ホテルへ戻る時にも、踊りは続いていた。全員が口々に何か口ずさんでいる。
歌詞は聞き取れないが、メロディーは不思議と頭に残った。
落ち着かない気持ちのまま、練習を始める。
吉川さんは、今しがた聴いたばかりのメロディーを何気なく弾いてみた。
歪(ひず)ませたギターの音に、ドラムとベースが被さってきた。
適当なハミングでボーカルを重ねていく。
聴いたことの無い奇妙な、それでいて耳に残る曲が組み立てられていく。
お互いの顔を見ながら演奏を続ける。三人とも興奮しているのが分かる。
思いがけない収穫である。大まかな流れを決め、午前中の練習を終えた。
練習を終え、ドアを開けた吉川さんは、思わず仰け反った。
すぐ外に村人達が群れている。先頭にいる老人が吉川さんを睨みつけながら言った。
「あんたら、今の音楽は何だ」

「何って……俺らのオリジナル曲だけど」

「どこかで演奏するつもりか」

居丈高な物言いに苛ついた武田が声を荒らげた。

「当然だろ。そのために練習してんだ」

口論になるかと思われたが、意外にも村人達はあっさりと引き下がった。

去り際に老人は微かな笑みを浮かべて言った。

「好きなようにするといい」

それ以降、村人達は現れなかった。ホテルの従業員に、それとなく訊いてみたのだが、外部の人間らしく何も分からなかった。


最終日。

無事に曲は仕上がり、吉川さん達は意気揚々と町に戻った。

早速、反応を見ようという事で、ライブのアンコールで演奏を始めた。

小さなライブハウスを埋めた客は、約三十人。

例のメロディーを弾いた途端、全ての客が首を左右に曲げ、痙攣を始めた。

唖然とした吉川さんは、咄嗟にいつもやっているアンコール曲に切り替えた。

たちまち普段通りの反応になる。そのまま何事も無かったかのようにライブは終わった。

楽屋に戻ったが、誰も話そうとしない。沈黙が続く部屋に、ライブハウスのオーナーが顔を見せた。

オーナーは渋い顔で言った。

「最後の曲、あれ止めた方がいいんじゃないか。分かんないけど、なんかヤバい気がする」

吉川さん達は、その忠告を受け入れた。


二ヶ月後、吉川さんのバンドは解散を余儀なくされた。

ドラムの武田が自殺を謀ったのである。

発見したのは吉川さんだ。部屋を訪ねた時、武田はまだ息があった。

例の曲のデモテープが流れる室内で、武田は首を吊っていた。

首が左側に大きく曲がり、体が小刻みに痙攣していたという。

神薫

蛙波

山裾にある一軒家で独居中の沢木さんの話。

雨が降り続いたある日、外からゲコゲコと蛙(かえる)の鳴き声が聞こえた。

鳴き声は徐々に喧(やかま)しくなり、山の方から夥(おびただ)しい数の蛙が近づいてくるように思えた。

出窓から外を覗くと、〈げげげげげげげ〉と汚い濁音が谺(こだま)する。

異常気象で蛙が大発生したのだろうか。

この家に移り住んで十年は経つけれども、これほど大量の蛙など見たことはなかった。

それらは蛙らしくぴょんぴょんとは跳ばず、巨大な生き物のように一つのうねりとなって家の前の坂道を流れてきた。

蛙の群れは〈げっげっ〉とさんざめきながら家屋の前に積み重なっていく。そう広くもない庭は、緑と茶色の混ざり合った迷彩模様の如き濁流で埋め尽くされてしまった。

どうしよう、外にあんなに蛙がいては気持ち悪くて家から出られない。待てば勝手に帰ってくれるだろうか。

困りながらも沢木さんが観察していると、小山のような蛙の群れがドッと雪崩(なだれ)て玄関前の水たまりに次々飛び込んでいった。

緑がかった褐色の波、膨大な蛙の群れは水たまりにどうどうと流れ込み、わずか五分足らずで一匹残らず姿を消した。

不思議に思ってドアを開け、玄関前の水たまりを長靴で踏んでみると、その深さはほんの五センチほどで地下のどこかへ抜けるということもなかった。

それが人生初の、わけのわからない出来事だったと沢木さんは語る。

「あの生き物の大群、リアルタイムでは蛙と思ったけれど、後で考えてみたら蛙じゃなかったような気もする」

蛙でなければ何だったのか?

そう問うと、沢木さんは首を傾げて答えなかった。

桜、青空

昨年の春、新妻さんは二歳になる息子と散歩がてら花見に出かけた。

「家から徒歩圏内の堤防に桜並木があってね。もう花の盛りを過ぎていたのと、平日の午後早い時間だったからかな？　行ってみたらひと気がなかったの」

抜けるような青空を背景に咲く桜の花は、散りかけていても美しかった。

ベビーカーから降ろしてやると、息子はキャッキャとはしゃいで風に舞う花びらを追いかけ始めた。

ご機嫌な我が子を眺めていたところ、突如、彼女の足元で桜の花弁が奇妙な動きをしたのだという。

「普通、花びらは下に落ちるでしょ。それが、ゆっくりスーッと垂直に上がっていったの」

地面に敷き詰められた花びらの一部分だけが、丸くさざ波立っていた。半径三十センチほどの円形の部位から、花びらは優雅に昇天していく。

風のいたずらかと空を見上げたものの、花びらは天高く舞い上がったまま、いつまで経っても落ちて来ない。

「変だなあって見てたら、息子がトトトッって駆けてって、ちょうどそこに入っちゃったの」

新妻さんは自分の目を疑った。

見えない手に持ち上げられたかのように、息子の体が宙に浮いているではないか。

無数の桜の花びらに囲まれて、きょとんとした息子がふわふわと空へ上昇していく。

このままでは連れていかれてしまう。

空に吸い込まれてしまう！

彼女は息子に駆け寄ると、小さなズックに包まれた両足を抱きしめた。

高層ビルのエレベーターが動き出すときや、飛行機が離陸する瞬間にも似た浮遊感覚に包まれた後、唐突に空からの引力は止んだ。

尻餅をつき、呆然としていた彼女だったが、きつく抱きしめすぎて泣き出した息子の声で我に返ったという。

周囲を見渡すと、桜はもはや天に逆流することもなく、しずしずと大地に花びらを降らせるのみだった。

「生まれて初めて自分の体重に感謝したわ。息子だけだったら、そのままお空のどこかに連れて行かれてたかもしれないもの」

そう話す新妻さんの体型はマツ●・デ●ックスに似ている。

中の人

口を開けてうたた寝していたら、唇にピトリと何かが触れる感触で目が覚めた。

見れば、唇の縁に爪楊枝ほどの両手をかけて、小さな裸の人のようなモノが口中から這い出している。

夢か見間違いだろうとパチパチ繰り返し瞬きをしてみた。

それでも小人は依然として半開きの口の上に佇んでいる。

小人がその小さな二本の足で唇の上に直立したとき、にわかに口中が乾き始めた。

〈……あ〉と小さな声を漏らした途端、小人は口の中に逃げ込んだ。

慌てて吐き出そうとしたのに、どういうわけか逆に飲み込んでしまった。

以来、体調に変わったことは何一つなく、むしろ調子がいいくらいなのだが、それがかえって不気味で仕方がない。

兆髪

小楠さんは、初めてその現象に遭遇したときのことを鮮明に記憶している。

「当時私は小学生で、ダイニングテーブルで勉強していました。自分の部屋もあったんですが、そこなら夕飯の支度をする母親の背中が見えたので安心したんです」

甘えん坊だった彼女は、よく居間で宿題をしていた。その日は算数のドリルを解いていたが、苦手な長文問題で躓（つまず）いてしまったという。

「ママー、ここわかんない。教えて？」

「いいよ、どれどれ」

鍋に蓋をして料理を中断し、母親が小走りに彼女の元へやって来る。

椅子を引いて座ろうとした母親の顔から、何か黒い物が音もなく滑り落ちた。

「テーブルに落ちたのは、母の髪でした」

毎朝カーラーで綺麗に巻いて額に下ろしていた母親の前髪が、ざっくりと斜めに切り落とされていた。

卓上に散らばる髪を見るなり母親の顔が引きつった。

「あっ！　また。誰なの、嫌だっ!!」

母親の目から涙が溢れて零れ落ちた。

いきなりしゃくりあげて泣く母親に戸惑っていると、電話が鳴った。

それは小楠さんの祖父の、交通事故による死を告げる電話だった。

「警察からの連絡でしたが、電話に出る前から母が泣いていたので、少し変に思われたようでした」

祖父の葬儀を終えてから、母親は小楠家に伝わる秘密を娘に打ち明けた。

「できれば、こんなことはあなたに知らせずに済ませたかった……と母は言いました」

小楠家に連なる者が死ぬとき、一族から代表として選ばれた女の髪が、死者一人につきひと房切り落とされるという。

「母の言うことを私は信じました。だってあのとき、母は煮物をおたまでかき混ぜていて、髪の毛を切り落とせるような刃物なんか、持ってなかったから」

それを聞いた小楠さんは〈超能力だね！〉と小学生らしく無邪気に喜んだが、母親の表情は翳りを帯びて沈んでいた。

「ママは選ばれてしまった。一度選ばれたら、死ぬまでそれは続く」

「ママすごい！　ねえ、何がママを選んだの？　神様？」

娘の無邪気な問いに、母親はかぶりを振った。

「わからない。神様だったら良いけれど、どうだかね」

それ以降も、入院中の祖母の病死や小楠さんの父親の出張中の突然死、名前も知らないような遠い親戚の死なども、母親の髪が落ちることで知らせがあった。

切り落とされる髪はその都度、前髪であったり、生え際やもみあげの部位であったりした。

小楠姓の者が一人死ねばひと房、事故などで複数人が死んだなら、死者の人数に応じた分量の髪が切り落とされる決まりのようだった。

たとえ血縁であっても、姓を変えた者についてはその限りではなかったという。

そんな現象にもいつしか慣れ、小楠さんは社会人になった。

「小さなデザイン会社で、下働きから始めたんです」

オフィスで彼女がコーヒーを淹れようとしたとき、それは起きた。

「給湯室には窓もないし、エアコンも置いてないんですけど、ヒヤッと冷たい風が急におでこに吹き付けられて」

額に冷感を覚えた直後、彼女の眼前を黒い物がよぎる。

ステンレス材に鈍く映り込む自分の顔を見れば、前髪が不格好に切り落とされていた。

そのとき給湯室には他に誰もおらず、そこにある刃物といえばカステラ包丁くらいで、それが入った引き出しを彼女は開けてもいなかった。

シンクに散らばった髪の毛を片付けようと手を伸ばしたとき、彼女はその現象が初めて我が身に起きた意味に気づいた。

すぐさま会社を早退して自宅へ戻ると、彼女の悪い予感が当たった。

家の廊下で、母親がうつぶせに倒れていた。

「私が触れたときには、母の体にはまだぬくもりがあったんです。母に異変があったのは、おそらく私の前髪が落とされたのと、ほぼ同時だったんじゃないかと」

直ちに救急車を呼んだが、祈り空しく病院で母親の死亡が確認された。

母親の死から、小楠さんは悩みを抱えることになった。

「母の次は、私でした。小楠家の神様だか呪いだかわからない何かに、よりによって私が選ばれてしまったなんて……親子そろって随分と気に入られたものです」

普段からろくに付き合いもないような親族に不幸があるたびに、自分の頭髪が切り落とされるのではたまらない。

お祓いやお守りは試したのかと尋ねると、彼女は生前の母親から〈そうしたことは効き目がない〉と聞いていたそうだ。

「私の母は毛量が豊かで、普通の人の倍はあったんですけどね。私は父に似たのか、髪のボリュームが少ないですから。そうそう切られてたまるかという思いはありました」

そこまで話すと彼女はいきなり両手を頭に当てて、帽子ごと髪を取り去った。

現れたのはつるりとしたスキンヘッド。

「実はこれ、帽子の縁に前髪が付属しているタイプのウィッグなんです」

毛髪に起きる怪異から逃れるために、彼女は怪異の起点たる頭髪を自ら剃りあげて除去したのだという。

さすがに怪異といえども、禿頭から頭髪を切り取ることはできまい。

服装や頭髪が自由な職場だからこそできることだが、帽子がそぐわないシーンではフルウィッグを装着してしのぐという小楠さん。

「人毛製だと他人の髪でも切り落とされるかもしれないので、ウィッグは全て人工毛にしています。素材がポリエステルなどの化学繊維で、お手入れも簡単ですしね」

怪異は化学繊維を髪の毛と認識できないようで、つい先日〈小楠〉姓の親戚が亡くなったときにも彼女の身には何事もなく、いつも通りの日常を過ごすことができたという。

「ひとり暮らしですから、家ではウィッグはつけてないんです。解放感があって、もうロングヘア時代には戻れないくらい楽なんですよ。宅配便が来たら少し慌てますけど」

現在の彼女の目標は〈スキンヘッドに理解ある彼氏を探す〉ことだそうである。

死髪

「私ねえ、小さいときからずっと髪の毛がコンプレックスなんだわ」

そう話す美伽さんは、他人が羨むほどの美髪の持ち主である。

〈綺麗なボブですよね？〉と私が褒めたところ、彼女は苦笑した。

「いやあね、髪質じゃなくて、長さがコンプレックスなんだって！」

幼少時に童話のプリンセスに憧れた美伽さんは、髪をラプンツェルのように伸ばしたいと親にねだったことがある。

「髪が肩につきそうになると怖い顔した母が、嫌がって泣く私を押さえつけて髪の毛を耳たぶのところで切りそろえてたんだ。そんなわけだから、私は一度もロングにしたことがないのよ」

美伽さんの母親は、娘に対して支配的な毒親なのだろうか。

子供のうちは親に意見できなくても仕方ないが、彼女はとうに成人しており、手に職も持って自立している。過干渉な親の言いつけを守らずとも、ヘアスタイルくらい自由にできるはずではないか。

「えー？　わかってないな。そうじゃないんだ。うちはちょっと訳ありだからさ」

美伽さんの生家は、祖父母と両親、三歳上の兄と彼女の六人家族だった。

「いい子の兄貴は〈医者になれ〉って親に言われて、小さな頃からよく勉強してた。私はそもそも親に期待されてなかったからね、金持ちの旦那を捕まえられるようにって家事を仕込まれたくらい」

出来の良い長男といまいちな長女という構図で、娘にはガミガミ煩(うるさ)い母親も息子はべったり甘やかしていたという。

「うちって変だなと思ったのは、祖母のヘアスタイル。よその婆様は髪の毛を紫に染めてオシャレに巻いてたりするのに、うちのバアちゃんはいつも五分刈りだったから。どっちがジイちゃんかバアちゃんか、同じ髪型なんで後ろ姿ではわからないほどだったよ」

美伽さんが初めてそれを目撃したのは、彼女が幼稚園の年長のときだ。

両親の留守に祖父母と兄、美伽さんで留守番していると、玄関の呼び鈴を鳴らす者があった。

「美伽、駄目っ！　おばあちゃんが出るからっ！」

張り詰めた調子の祖母の制止も聞かず、兄妹は来客に応対しようと廊下へ飛び出した。

「兄貴も私も敏捷な子供だったもの。いくら必死になったって、腰痛の老人が追いつけるわけなかったよね」

その時代、彼女の住んでいた地方では近所との付き合いが濃密ゆえ、玄関を施錠する習慣はなかった。

先に玄関に着いた兄がドアを開けると、紺色のセーラー服を着た少女が一人立っていた。少女はかつて美伽さんが憧れたプリンセスのように、豊かな髪を長く伸ばしていた。

「そいつ、栗色の長ぁい髪を三つ編みにしてたのだけは覚えてる。綺麗なロングヘアで羨ましかったもの。私、その娘の顔はあんまり覚えてないのよ。兄貴がぼうっと見とれてたぐらいだから、美人だったんだろうね」

三つ編みの少女は兄の耳元に口を寄せ、何事かを囁いた。

兄がそれにゆるゆると頷いたとき、兄妹の背後から祖母の咆哮が轟(とどろ)いた。

「あああああ、消えろっ。消えてしまえええ！」

忽然と少女はその場からいなくなっており、祖母渾身の塩つぶてをくらったのは美伽さんと兄の二人のみだった。

「苦労して塩を振り落として居間に戻ったら、説教タイムが待ってたよ」

説教は、夜になって両親が帰宅してからも続いた。

「兄貴は関係ないからって先に寝かされて、私だけ叱られたんだ」

私がついていながらと泣く祖母、悄然（しょうぜん）とした父親と青ざめた母親に囲まれて、彼女は家に伝わる呪いを告げられた。

「うちは、髪の毛を伸ばしちゃいけない家なんだってさ」

彼女の家では数十年に一度、不定期に三つ編みの少女が家を訪ねてくるという。

三つ編みの少女は人間ではない。その証拠に、少女の訪問時、家に髪の長い娘がいると数日のうちに魂を刈られて死ぬという。

「祖母もそいつを見たことがあって、やっぱり長い三つ編みだったけど、そんときはスカートでなくてモンペ姿だったというよ」

三つ編みの少女の話は代々家に伝わっていたが、当時は百年以上出現間隔が空いていたこともあり、若い頃の祖母とその姉は言い伝えを信じていなかった。

「当時女学生だった祖母の姉は、すごく髪を伸ばしたがっていたんだってさ」

学友の長い髪を羨んだ祖母の姉は、家の決まりを曲げてほしいと両親に懇願した。

最初両親は渋っていたが、度重なる長女の説得に絆（ほだ）されて長髪にすることを許したのだという。

「姉が肩甲骨の辺りまで髪を伸ばした頃に、ふらっと三つ編み娘が訪ねて来たんだと。親が出かけてて姉妹だけのときを狙ってさ。知らない女学生が来たと思ったらすぐ消えて、その日から何日か、祖母の姉はぼうっとしてたんだって」

親に叱責されることを恐れた姉妹は、三つ編みの少女を目撃したことを二人だけの秘密にした。

だが、その事実は悲劇的な形で露呈することになった。

三つ編み娘を見てから数日後、祖母の姉は納屋で首を吊って亡くなった。

まだ子供だった祖母は梁からぶら下がる姉の姿を見ていない。見せられたのは死化粧を施されて棺に眠る姉のみだった。

棺を覗き込んだとき、姉の華奢な首にくっきりと残る縄の痕跡が来訪した少女の三つ編みを思わせて、祖母は身震いしたという。

「姉が亡くなったとき、妹である祖母も肩まで髪を伸ばしていたから、たった一人になった娘まで取られてなるものかってね、ひい婆ちゃんが泣きながらハサミで髪を短く切ったというよ」

そんな経験をした祖母が、孫の頭を撫でながらこう言った。

「もう三つ編み娘はお前を見初めてしまった。死にたくなければ一生髪を短くするしかないんだよ。髪を伸ばしたら命を刈られるんだから、って言うわけ」

そこまで言われても、ロングヘアに憧れる美伽さんは納得がいかなかった。

「三つ編み娘が訪問したから縊れて死んだなんて、ただの偶然だと思ったから私、言ってやったのよ。〈嘘だ、だってお母さんは平気で髪を伸ばしているじゃないの〉って」

論破したつもりが、祖母は〈あれはよその人間だから〉と美伽さんの意見を否定した。

「母親は嫁に来たから、家の血を継いでいないからいいんだって。私はバアちゃんの血を引いているから、髪を伸ばしたら三つ編み娘に殺されてしまうんだってさ」

さめざめと泣く祖母に閉口し、美伽さんは長髪を諦めることにした。

「それまで、私が髪を伸ばしたいって言うと母がやっきになって切っていたけど、子を思う母心だったんだ。やたら厳しいのも、我が子を守りたい愛情だとわかったから、私は受け入れることにしたのさ」

いいお話を聴かせていただき、ありがとうございました。

話を締めくくろうとする私を美伽さんは制止した。

「私はそれで助かったのよ。私は、ね」


彼女の兄は猛勉強の末、志望通り医学部に合格した。

残念なことに祖父母は合格発表前に相次いで亡くなり、孫の医学部合格を知ることはなかった。

地元の大学には医学部がなかったため、兄は実家から飛行機の距離にある大学の学生寮で一人暮らしを始めることになった。

「理系、しかも医学部ってのは忙しいんだね。最初の二年ほどは兄貴も盆暮れくらいは実家に帰って来たもんだけどさ。勉強やら実習やらが忙しいと言って、行ったっきり全然帰って来なくなったの」

六年制医学部を何度も留年した兄が、八年目の学生生活に突入した年のこと。

「こっちは便りのないのが良い便りくらいに思ってたら、大学から電話が来たの。兄貴が学生寮で自殺したから、すぐに来てくれって」

突然の悲報に、美伽さんは両親と飛行機に乗って大学のある土地へ向かった。

数年ぶりに再会した物言わぬ兄は、変わり果てた姿になっていた。

愛息の遺体に対面した父親は顔を覆って男泣きし、母親は絶叫した。

「ああ、なんでこの子がぁ……女だけのはずじゃない！　男だから安心してたのに、なんでぇーっ⁉」

へなへなと座り込む母親の肩越しに、兄の首をぐるりと巻く縄模様が見えた。

「親元を離れてすっかり家族に会わなくなってから、兄貴は何年もかけて髪を伸ばしていたんだ。男だてらに、地毛で三つ編みにできるほどに」

兄は長く伸ばした髪を三つ編みに結い、それをロープ代わりに寮のドアノブにかけて窒息死したのだという。そんなことで人は死ねてしまうのか、と美伽さんはショックを受けた。

遺書はなかったため、兄が死を選んだ理由はわかっていない。

「医学部って、留年が続いて八年以上在籍してると退学扱いになるんだってね。それを気に病んで自殺したんだろうって話に落ち着いた。私は違うと思っているんだけど」

兄の死を知らせる電話の前日、美伽さんは夢を見たのだという。

「女優さんみたいに綺麗な三つ編みの娘の横に、小学生くらいに若返った兄貴がいて、二人は手を恋人繋ぎにして楽しそうに歩いてたのよ」

幼少時、兄にそっと囁きかけた三つ編みの少女。あのとき人ならざる彼女は、〈髪を伸ばしてくれたら、また会えるよ〉と言ったのではなかろうか。

約束を守った兄は、そのせいで三つ編み娘に連れて行かれたのではないか。

美伽さんはそう想像している。

「実家に帰るたびに〈男だから油断して取られてしまった〉って母が愚痴ってくるんで、もううんざり。こんな呪われた家、子孫にいちいち説明するのも面倒臭いから私の代で絶やしてやろうと思ってるの。まあでもこの頃は、人生嫌んなったら髪を伸ばせば死ねるっていうのも、割と悪くないんじゃないかと思ってる」

艶やかなショートボブをかき上げながら、そう言って美伽さんは話を終えた。

吉田悠軌

コーヒー

英子さんは、愛知県某所のコンビニエンスストアでアルバイトをしている。

コンビニといっても病院内に併設された店なので、二十四時間ではなく開院日時に合わせて営業する。医療スタッフではないものの、院内で勤務しているという点では同じだからだろうか。英子さんも何度か「病院にまつわる不思議な体験」をしているそうだ。

例えば、ゴミ集積場に行くために霊安室の前を通るのだが、そこからなにか嫌な気配がついてきた……とか。無人のはずのエレベーターで、ドアが閉まったとたん「すうっ」と耳元に息をはかれた……とか。

中でも不可解だったのは、こんな出来事だ。

ある日のバイト中。英子さんは昼休みのため、レジ奥にあるスタッフルームへと入っていった。すると彼女を見かけた店長がいそいそと近づいてきて、

「コーヒー淹れた?」と質問してきたのである。

なんのことだろう。そう思って店長が指さす方を見てみる。すると確かに、長机の上に、ちょこんとホットコーヒー（S）が蓋をつけない状態で置いてある。

「いいえ、今入ってきたところなので違います」

英子さんがそう答えると、店長は眉をしかめてしまった。

「おかしいなあ……いや、それはおかしいよ」

店長は今朝の開店から少しして、このコーヒーが机に置かれていることに気づいた。不審に思い、今日入っているアルバイト全員に聞いてまわっており、英子さんが最後となる。しかし誰一人として、コーヒーを淹れた心当たりがないというのだ。

なるほど、おかしな事態ではあるが……とはいえまあ、その程度のことに過ぎない。

店長の、あからさまに怯えたような挙動は、ちょっと大げさではないか。

まあ店の責任者として、外部の人の出入りを警戒しているのだろうけど……。

そんなことを考えながら、もう一度、机の上に目をやったところで。

おや、と英子さんは思った。今は昼過ぎなので、もう開店から五時間は経っている。

しかしそのコーヒーからは、もうもうと白い湯気がたちのぼっているのだ。

まるで、今さっき淹れたばかりであるかのように。

コーヒーはその後、店長に頼まれて、英子さんが洗面所に流したそうだ。

まだら猫

その猫がやってきたのは、善治さんが生まれてすぐのことだったという。

当時、善治さんの実家は、米沢で手広く商売を展開していた。多くの従業員も住みこんでいる、たいへん大きな家だったそうだ。

そうした環境だからだろう。いつのまにか一匹の野良猫が出入りするようになっても、最初のうちは誰も気にしなかった。

三毛猫とはまた違う、毛色が「まだら」に生えたメス猫だった。サビ猫というやつだろうか。ちょっと少数派ではあるものの、日本に古くからいる雑種らしい。

まだ子猫だったその「まだら猫」は、同じく生まれたばかりの善治さんによくなついていた。それはそれで微笑ましい光景だったし、ネズミを捕ってくれるなら好都合だ。住み込みスタッフの中には、残飯をエサとして与えるものまでいた。

そうこうするうち、猫はすっかり家に棲みつくようになった。

……と、そこまではいいのだが。

　まだら猫は、とにかく与えられたエサをよく食べた。家の外でも食べあさっているようで、限度を知らずぐいぐい成長していく。

　成猫になる頃には、誰も見たことのないほどの大きさとなった。尻尾の先まで入れれば一メートル近くになったというから、相当なものだ。

　しかもその図体で、家の中を音もたてず、ひたひたとうろつく。暗闇の多かった当時の家で、ふいに巨大な猫の影と出くわすのは、ちょっとした恐怖だ。女性の従業員たちなど、すっかり怯えてしまっていた。

　またこの猫は、善治さん以外の誰にもなつかないのだ。他の家族やスタッフがエサを与えようと、さっとどこかに持っていくだけ。誰に対しても、遠くから不愛想な顔でにらみつけるのだった。

　そうして数年がたった。

　まだら猫は、いっこうに子を産む気配がなかった。昔のことなので去勢手術などしていないのに。おそらく交尾すらしていなかったのではないだろうか。あまりにも超然としていて、人間どころか他の猫ともいっさい交流しなかったのだ。

　ただでさえおかしな猫なのに、こうなるともはや「ばけもの」にしか見えない。

そのうち、家中の人間が、まだら猫を気味悪がり、近づかないようになった。

そんなある日のこと。

一人の女性従業員が、縁側のそばを通りがかった。

彼女によれば、庭先では五歳の善治さんが遊んでおり、その脇の縁側では、まだら猫がうつらうつら居眠りしていたという。

いつもは不気味な猫だったが、陽だまりで目を閉じる姿は平和そのもの。うららかな昼下がりの、微笑ましい一コマである。

するといきなり、空がさあっと暗くなった。にわか雨かと思って顔を上げた女性は、そこで信じられないものを見る。

上空から、巨大な黒いかたまりが降りてきた。

それは視界を覆いつくすほどの、あまりにも大きなトンビだったという。

「広げた翼が、四畳ほどもあった」という彼女の証言を信じるなら、(昔の畳のサイズを考慮して)六平方メートル超、ちょっとした象くらいの大きさになる。

それが両足の鉤爪を開き、庭の善治さん目がけ、ぐうっと舞い降りてきたのだ。

あまりのことに、女性はその場にへたりこんでしまった。

もうダメだ……と思った瞬間。

縁側に寝ていたまだら猫が跳ね起き、善治さんに飛びかかった。

その勢いで、小さな善治さんの体は猫の下敷きになる。

急に獲物を見失ったトンビは、目の前のまだら猫の背中をガッチリつかみあげた。

そして凄まじい勢いで羽ばたき、二匹つながったまま宙に浮くと、そのまま遠くの山に向かって飛び去ってしまったのである。

善治さんと女性従業員は、大急ぎで家中の人々に見たままの出来事をまくしたてた。

家中の誰一人として、彼らの話を信じるものはいなかったのだが……。

とはいえその後、まだら猫の姿を見たものもまた、誰一人としていなかったという。


私の知人A氏が、彼の祖父から聞かされた話だ。

その祖父もまた、自分の祖父の思い出話として教えてもらったらしい。

つまり善治さんは、A氏の曾々おじいさん。それが子どもの時というから、幕末にさしかかろうとしていた頃の、出来事である。

口げんか

綾子は火事をとても怖れている。

引っ越す時だって、ガスコンロの家は絶対に選ばない。もう十年以上、火の出ないIHコンロしか使わないようにしている。

「小さい頃から、近所の家が火事で焼けてしまうことが本当に多くて……」

もともと綾子の生家は、とても広い土地に建てられていた。彼女の祖父が、やり手の商売人で地主だったからだ。

ただ、父の代から急に商売がうまくいかなくなり、病気や事故などの不幸が続いた。そのお金を工面するため、どんどん土地を切り売りしていくことになる。

綾子が子どもの頃にはもう、生家の敷地はかなり狭くなっていた。その代わり、売り払われた土地には、他人の家が四軒も建てられていった。

たびたび謎の出火にみまわれていたのは、その四軒の家々だったのだ。

火災の規模は、まちまちだ。換気扇が焦げるくらいのボヤでおさまった時もあれば、建物が半分ほど焼けてしまったこともある。

五年に一度は、そうした火事騒ぎが起こる。たった四軒の中でのことだから、異常といえるほどの早いペースだろう。

そしていずれも、原因がまったくわからない。住人の不始末でもなければ、放火された痕跡もなく、どこから火が出たのかさえ不明だったという。死者が出ていないのが唯一の救いだった。

さて、綾子が高校二年生になった時のこと。

「なぜか知らないけど、今日からしばらく仏間で寝なくちゃ、という思いにかられたんです。なんのキッカケもなく、突然」

そこは先祖代々の仏壇が置いてある部屋で、ふだんはあまり使われていない。自分の部屋があるにもかかわらず、わざわざそんな部屋に布団を運んで、寝起きすることにしたのだ。

それが一週間ほど続いた、ある日の真夜中。

ふいに人の声が聞こえて、綾子は目を覚ました。

枕元のすぐ近くで、高齢の女性が二人、向かい合わせに正座している。薄暗いこともあり、綾子は最初、女性たちの横顔がよく見えなかった。

まず聞こえてきたのは、彼女らの金切り声だった。

お互い、強くてかん高い声をぶつけあっている。何をしゃべっているかわからないが、とにかく激しく言い争っているようだ。

そうこうするうち、だんだん目が慣れてきて、二人の目鼻立ちがわかるようになってきた。

(この人たちって……)

その顔には見覚えがあった。仏壇に供えられた、二枚の写真。ひいおばあちゃんと、おばあちゃん。どちらも亡くなっているが、彼女たちの遺影にそっくりだったのだ。

「そんな!……ひとさまの……ゆるされない……!」

「でも!……このままじゃ……このうちも……!」

こちらを見向きもせず、二人は口げんかを続ける。内容はほとんど聞き取れないが、それぞれが全くゆずらず、相手を非難していることは感じ取れる。

綾子はじっと息をつめて、その険悪なやりとりを見ていた。

どれくらいたっただろうか。

前ぶれもなく突然、二人はため息をついて、同時に黙りこんだ。

どうしたんだろう……。綾子が聞き耳をたてていたところ。

二人の顔がいっせいにこちらを向いた。そしてこれも同時に、次の言葉を発した。

「あんたが、きめておくれ」

その勢いにおされるように、綾子はこくりとうなずいた。


そこで目が覚めた。

仏間の外は、とっくに明るくなっている。

(なんだったんだ、あの夢)

そう思うまもなく、鼻をつくような臭いと、なにかが激しく弾ける音に気を取られた。障子ごしにさす光も、朝の太陽光とは明らかに違っている。

急いで障子を開くと、すぐ前の家が炎に包まれていた。それどころか、ごうごうと燃えさかる火の手が、こちらまで迫りつつある。

「そこからはもう大あわてで、すぐに家族をたたき起こして、みんなで外に飛び出しました」

結局、向かいの家どころか、綾子の家までも全焼してしまった。これまであった火事など問題にならないほどの、大火災となったのである。

不可解な点はいくつもあった。

まず、原因がまったく不明。最初は放火が疑われ、かなりの捜査がおこなわれたものの、なんら手がかりなし。ありえないことだが、向かいの家の木材が自然発火したとしか思えなかったという。

消防隊におどろかれたことは、もう一つある。全焼した綾子の家で、なぜか仏間だけがきれいに焼け残っていたのだ。外壁が煤けただけで、あたかも炎がその部屋だけよけたかのようだった。

「……それから、これは偶然かもしれないんですけど」

この火事の後、綾子の家は逆に「幸福」になったというのだ。

商売がうまくいき、それまで続いた不幸もぱったり止み、家族も笑顔が多くなった。

まさにいいことずくめだったのだが……。

綾子には、どうしても気になることがあるそうだ。

「実はその火事で、初めて人が一人、亡くなってしまったんです。出火した向かいの家の旦那さん」

もしかしたら、と思う。ひいおばあちゃんとおばあちゃんの、あの言い争い。

あれは、どうやってこの家を幸せにするか、そのためには誰かを犠牲にしていいのかどうか。それを口論していたのではないか。

「そして結局、結論を決めたのが私だったとしたら……」

大人になった今でも、綾子は火事をとても怖れている。

身代わり地蔵

青森県は、相撲が盛んな地域だ。

弘前市に住む相田さんも、高校時代は相撲部に入り、毎日のように稽古を重ねていた。

ただ、その熱心さが災いとなってしまった。二年生に上がる頃、右足の膝を壊してしまったのである。

といっても、嘆くほどの大した故障ではない。県外の有名病院に通ったところ、すぐに完治したとのお墨付きをもらった。

……はずだったのだが、なぜか膝の痛みが消えない。きちんとサポーターをして、負担もかけていない。それなのに、謎の炎症を起こしたりもした。再び病院に行き、適切な治療を受けたが、稽古をしていると短期間で痛みが再発してしまう。

それが何度も繰り返される。まったくの原因不明です、と医者にも首をひねられた。

相田さんがほとほと困り果てていた頃である。

「それ、蛇ね。蛇がついてるわね」

母親の知り合いが、きっぱりと奇妙な忠告をしてきた。別に霊能者という訳でもない、ただのおばちゃんである。

「とにかく、そういうのは蛇に決まってるの」

なにか心当たりはないのか、と強い調子で聞いてくる。

そう言われても……。困りつつも、相田さんは無理やり記憶を掘り起こしていった。

まあ強いて言えば、膝を壊す少し前の時期。自転車での通学中に、車に轢かれた蛇の死骸が落ちているのを見たことはある。

「その時に、蛇を哀れんだりした?」

言われてみれば確かに、

(うわっ、かわいそうに)

目に入った瞬間、そんな考えが頭をよぎった気もする。

「ほら。それがダメなのよ。その時、あんたの膝に、蛇がとり憑いたの」

ではどうすればよいのか訊ねたところ、この弘前市内に、おあつらえ向きの場所があるのだという。

新寺町という、文字通り寺院がずらりと密集している地区。その寺通りに入る一歩手前の保育園に隣接して、小さな地蔵堂がたたずんでいる。

掲げられた看板の文字は「身代わり地蔵尊」。

「そこで身代わりになってもらうよう、お祈りしなさい。一回じゃダメ。せめて十回はお参りしないと。毎回、お供えも必要だから。小さいパックのりんごジュースなんかがいいわね」

ずいぶんと具体的な指示だった。まあ病院に見放されつつある今、他にはなにもアテがない。大金がかかる訳でもないし、とにかくその通りにしてみよう。

膝の悪い相田さんに代わって、母親がりんごジュースを片手に「身代わり地蔵」に通うことにした。息子の回復祈願を重ねていき、ちょうど十日が経った頃である。

日曜日の昼、相田さんはリビングのソファに座っていた。同じ室内では母親が、例の知り合いに電話をかけている。

「昨日で十日目だから、そろそろよねえ……」

まさに話題が「身代わり地蔵」へと触れはじめた時だった。

（あれっ？）

相田さんは膝に違和感を覚えた。痛みではない。ずるり、となにかが動く感触だ。一瞬、膝の皿が脱臼したかとも思ったが、そうではない。

骨そのものではなく、そのあたりでなにかが蠢いている。思わず膝に手をのばしかけたところで。

ぼこっ
いきなり、皮膚がもり上がった。

膝のあたりに、みるまに血管のような細長い形状が浮き上がる。しかし血管にしてはあまりに太く、長い。

ぼこっ、ぼこ、ぼこぼこぼこ
そんな物体が、うねるようにして皮膚の下を移動していく。

「うわ、うわ！」

あまりのことに、右足を上げて、ただ叫ぶことしかできない。母親も電話を持ったまま、ぽかんとその異様な有り様を見つめている。

ぼこぼこぼこぼこぼこ……

細長いものは、膝からふくらはぎ、すね、足首へとゆっくり移動していった。

そして足の親指の先までたどりついたかと思いきや、そこで、すうっと消え去ったのである。

後には、なんの異変もない。しかし相田さんも母親も、確かにその数秒の光景をはっきり見たと断言できる。

そして、その日を境に、相田さんの膝はすっかり完治したのである。

怒る上官

哲郎さんはかつて、自衛隊員として佐世保基地に勤めていた。

ある昼下がり、佐世保教育隊の敷地内を歩いていた時のことだったという。

当時そのエリアには、おそらく戦前に造られたであろう、古びた建物がたたずんでいた。

その脇を通り過ぎようとしたところ、哲郎さんの目に、奇妙な光景が飛び込んできた。

「……すいませんすいませんすいません……」

若い隊員が、なにやら一心に謝り続けている。よく見れば顔見知りの新隊員Aで、誰かにこっぴどく怒られている様子だ。

しかしAはちょうど建物の角に立って頭を下げている。彼を叱っている相手は、壁の陰に隠れており姿が見えない。

確かに佐世保の教育隊は、「しごきがキツい」ことで有名だ。とはいえ、Aの萎縮しきっている様子は、ただの「しごき」ともまた微妙に違う。そうとう目上の人物に対し、なす術なく平伏しているような……そんな印象だ。

（災難だな……）

関わり合いになっても面倒なので、哲郎さんは目立たないようにその場を遠ざかっていった。

そのまま市街地に出て、あちこちの店を回り、買い出しを済ませる。ふたたび教育隊の敷地に帰ってきて、例の古びた建物にさしかかったところで、足が止まった。

「……すいませんすいませんすいません……」

Aは、まだ謝っている。のんびり買い物してきたので、ゆうに一時間以上は経っているはずだ。

さすがに、これはおかしい。

哲郎さんはそっと建物をまわりこんで、Aの謝っている方向を反対側から覗いてみた。

おや、と思った。

壁の向こうには、誰もいなかった。からっぽの空間に向かって、Aは必死に頭を下げているのだ。

元の位置に戻ってきた哲郎さんは、Aの背後からおそるおそる声をけてみた。

「……お前、なにやってんの？」

しかし聞こえていないのか、相手はこちらにいっさい反応を示さない。枯れきった声で、ひたすら「すいません」を繰り返すだけ。

「……おい」

その肩に、ぽん、と手を置いた瞬間である。

――ガクガクガクッ
Aは足から崩れ落ち、人形のようにだらしなく倒れ伏してしまった。

「なんだ！　どうした⁉」

慌てて抱き起こしたものの、完全に意識を失っている。なんとか医務室に運びこんでから、二時間後。ようやく目覚めたAは、こんなことを説明した。


……あの建物のそばを通った時、誰かに呼び止められたんです。

……いえ、そういえば顔はよく覚えていません。階級章もよく見えませんでした。でも幹部クラスの制服を着ていたことだけは、はっきりわかったんです。

そしてなぜか、ものすごい怒声を、ぶつけられました。

自分に対してなにを怒っているのか……。そもそも、いったいどんな内容のことをまくしてたてているのか……。

まったく要領を得なかったんですよ。

でもとにかく、相手が怒り狂っていることはしっかり伝わってきたんです。

だからもう、ここはとにかく自分が謝らなくてはいけない、と……。

そのことで頭がいっぱいになっていましたね……。

……えっ、そうですか……自分は、一時間以上もあの場にいたのですか……。それはぜんぜん、気づいていませんでした……。

哲郎さんによれば、昔の大日本帝国海軍と今の海上自衛隊と、幹部の制服についてはは大きくデザインが変わっていないそうだ。

もしかしたら、Aを叱っていたのは、旧海軍の幹部だったのかもしれない。

あの建物は古いから、古い時代の人が出てきたのではないか。

しかし、だとすれば、だ。

その旧海軍幹部は、現代の我々に対して、いったいなにを怒っていたというのか……。

そんな風に、哲郎さんたちは噂したそうだ。

黒木あるじ

おんなのこ

《話者：恵子さん（仮名）四十代・女性》

特にオチのない話なんですけど、それでも良いですか——ああ、わかりました。

中学二年の出来事ですから、いまから三十年以上も前の話になります。

その日、学校から帰宅した私はいつものように自室でくつろいでいました。我が家は両親が共働きなものですから、放課後は自由気ままに過ごしていたんです。

ああ、そうだそうだ。話しているうちにだんだん思いだしてきました。

当時、私たちの学校では少女漫画雑誌の『りぼん』と『なかよし』が人気を二分していまして、私は熱狂的な『りぼん』派でした。その日がちょうど発売日だったもので、私は下校中に近所の本屋さんへ飛びこんで最新号を買い、帰宅すると二階の自室に駆けあがって、ベッドの上で『りぼん』タイムに入ったんですよ。

最初に付録をじっくりチェックして——ええ、付録の豪華さが『りぼん』派になった理由なんですけど——そのあと漫画を巻頭から読みはじめました。すると——。

のん、のん、って。

自室のドアがノックされたんです。

なんだか弱々しくて湿っぽい——指の腹で木目を撫でたみたいな音でした。

いやいや、動けませんでしたよ。だって私、父母が不在だと知っているんですから。動揺のあまり、ベッドの上に座ったままドアを見つめ続けていました。わずか数秒ほどの出来事だったと思うんですが、頭のなかでいろんな考えが巡りましたね。

父か母が帰ってきたのかな。そういえば以前、父が「学会の資料を忘れた」と慌てて戻ってきたことがあったっけ。じゃあ今回もそれだろうか。けれども、自分は玄関のドアが開く音を聞いてないぞ。いや、自分が『りぼん』に夢中で気づかなかっただけかもしれない。だとしてもノックをしたきり声もかけないのはおかしい。ならば泥棒だろうか。でも、玄関の音が聞こえないことの説明がつかない。待てよ、泥棒ってお風呂場の小窓あたりから忍びこむんじゃないの——と、こんな感じで脳内がぐるぐると。

まあ、いくら考えても結論なんて出ないでしょ。だから私、ドアに近づいたんです。いざというとき武器にするつもりで、買ったばかりの『りぼん』を握りしめて。それでおそるおそるドアへと近づき、一気に開けたら——居ました。

階段をあがった先の廊下に、小学校低学年くらいの女の子がぽつんと立っていて。顔は俯いて見えませんでしたが、子供特有の細い髪が西日に照らされて、ふわふわと舞っていたのを強烈に憶えています。服装はちょっと古い感じでしたね。いえ、和服を着ていたとかではないんですよ。なんと説明すれば良いかな——昭和感が漂う、まるで年配の男性が想像でこしらえたような衣装だったんです。

そりゃ怖かったですよ。でも、だからと言ってそのまま部屋に戻るのも厭でしょう。それで「ねえ」ってひとこと、声をかけたんです。

すると、揺れていた髪が止まって——ぱさ、と肩に落ちて。

女の子が、おもてをあげたんです。

湯葉みたいな、ぐじぐじの顔でした。

顔全体が崩れて皺だらけで、おまけにまぶたは腫れ塞がって、鼻はL字に曲がって、ぽかんと開けた口のなかには歯が数本しかなくて。なんというのかな、二十四時間殴られ続けたらあんな顔になるんじゃないかって感じの面相でした。

唖然としながら眺めていると——その子がふいに。

「みんなあいだがってるがら」

鼻が詰まっているような濁り声で、嗤ったんです。湯葉顔をぶるぶるさせて。

気づいたときには、閉めたドアを半泣きで押さえていました。無意識のうちに入ってこないよう踏ん張っていたんでしょうね。どれくらいそうしていたものか――一階から玄関の開く音と、父の「ただいま」が聞こえて、私はすぐに階段を駆け下りました。

「この家、知らない女の子がいるみたい」

震え声で訴える私を、父は微笑みながら受け流しました。その冷静な態度に、私自身「もしかしたら、なにかを見間違えたのかな」と考えはじめて――結局、少女の話題は二度と口にしませんでした。まあ「思いだしたくなかった」というのが本音ですが。

だから、それきりです。


そのあと――ですか。

いいえ、一度も少女を見ることはありませんでしたよ。

だって、我が家はそれから半年後に引っ越してしまったので。

父がある日突然「別な家に住もう」と言いだして。こちらが唖然としているうちに、引っ越しの手続きや新居の段取りを決めて一ヶ月あまりで転居してしまったんです。

いま思えば、父はなにかを知っていたのかもしれません。もし良ければ、そのへんを聞いてみてもらえませんか。取材の手はずは私が整えるので。ええ、お願いします。

おじいさん

《話者：絹代さん（仮名）七十代・女性》

もう三十年も前の話になるんですねえ。

その日、独りなのを良いことに掃除していたんですよ。夫は靴下やバスタオルをあたりかまわず放りっぱなしにする性格だし、娘は娘でお菓子やジュースを片づけないし、おかげで我が家は散らかり放題でね。あのふたりが居ない隙を見てキレイにしようと、気合を入れて取りかかったんです。

床を掃き、雑巾がけをして、洗濯機をまわしました。それで「ついでだから窓もピカピカにしちゃおう」と、水を張ったバケツを手に二階へあがったんです。前の年にツバメが軒下へ巣を作ったもので、窓ガラスがフンや羽根で汚れていて。それがずっと気になっていたんですよね。

で、バケツの水に雑巾を浸してガラスを一所懸命に拭いているうちに、ふと違和感をおぼえましてね。誰かが後ろにいる——そんな気配がするんですよ。でも、振りかえるのもおっかないでしょう。だから、おそるおそる目だけを動かして、ガラスに反射した背後の景色を確かめると——無人の廊下が映っているだけでした。

それでも怖さは拭えなかったんですが、だからといって震えっぱなしでいるわけにもいかないでしょう。なので「気のせいだよね」と自分に言い聞かせつつ、乾いた雑巾でから拭きしようと再びガラスに向かいあったら——そこに。

天井まで届くほど巨大な老人の顔が、窓ガラスいっぱいに映っていたんです。

しわくちゃの瞼を押しあげて、西瓜ほどもある眼球が私を睨んでいました。すこしだけ開いた唇から覗く舌の先っぽが、ぶりぶりぶりぶり動いているのが見えました。どこか人間離れした——言うなれば、蛇に人間を混ぜたような表情でしたね。

「なるほど、大きすぎてわからなかったのね」と納得したのを最後に、私の記憶は途切れています。どうやって一階までおりたものか——気がつくと、台所で冷蔵庫の把手を掴んでいました。あんまり強く握っていたせいで、しばらく指が痺れていたほどです。

まもなく夫が帰ってきたので、私はすぐさま〈巨大な老人〉の話を打ちあけました。けれど当然ながら信じてもらえず、しまいには「論文に書こうかな」なんて揶揄される始末。悔しかったですが——本当に奇妙だったのは、そのあとで。

それからしばらくして、夫が突然引っ越しを独断で決めたんです。お医者さまという職業柄か、もともと偏屈なところのある人でしたが、それでも家族に相談なしで大きい買い物をするような人ではなかったんです。あれがいちばんゾッとしましたね。

私はなにも言わず夫に従いましたよ。いいえ、内助の功なんて美談じゃありません。「この人はなにか知っているんだな」という確信に従っただけです。

まさか、訊ねたりなんてしませんせん。だって〈なにか〉を知ってしまったら――二度と忘れられなくなるじゃないですか。

あの、蛇に似た顔を。

そのおんな

《話者：源吉さん（仮名）七十代・男性》

ずいぶんと昔の話だからなあ。記憶もぼんやりしてるけど、それでも良いのかい。

その日は散歩してたんだよ、散歩。いや、本当にぶらぶら歩いてただけさ。三十年も前だから歩きスマホもねえわな。正真正銘の暇つぶし、まあ長閑(のどか)な時代だったんだ。

そしたら——先生の家によ。ああ、医者の先生だから〈先生〉って呼んでたんだわ。そう言うと本人が照れるのがちょっと面白くて、わざとそう呼んでたところはあるな。

んで、その先生ん家に、女が居るのが見えたんだよ。

二階の窓んところに立っててよ、べたっ、と頭を窓にひっつけてるんだよ。変だろ、そんなの。なんだか生気のない、「殺してください」と言わんばかりの表情でよ。

おまけに、服がなんだか古くせえんだ。再放送のドラマでも見てるような——少なくとも、当時の若い姉ちゃんが着る服ではなかったな。うん、そんな感じだった。

「あれ」と思ったよね。だってこっちは奥さんと嬢ちゃんの顔も知ってるんだからさ。

もしや先生のコレ（と小指を立てる）かなと疑ったけれど、朴念仁の先生にかぎって、自宅でそんな真似するってのも考えにくくてさ。だから見てたの。不思議で。

そしたら――ずるっと変わったんだよ。その女が、男に。

目を離してたつもりはないんだけどね。本当に手品の早変わりみたいに一瞬で、おっかない男になったんだよ。そう、おっかねえツラしてやがんだよ、そいつが。

いや、怒ってるのともまた違うんだよな。そうだな――銭湯なんかにある指名手配のポスターってよ、なんか妙に顔写真がおっかねえだろ。あんな雰囲気だよ。「こいつはとんでもねえコトをやらかしたな」って一発でピンとくる、ああいう表情なんだよ。

そりゃ逃げるよ、おっかねえんだもん。かかずらわるのはゴメンだってばよ。

それでも気にはなってたからさ、何日か経ってたまたま先生と道ばたで会ったときに「ご親戚でもいらしてましたか」なんて遠まわしに訊いたんだよ。でも先生、「なにを言われてるのかわからねえ」って感じでポカンとしてたな。仕方ねえから知らせたさ。そのときは笑ってたけど――ひと月くらいでいなくなっちまった。家族ごと。あれは、なにかあったんじゃねえのかと思うんだがね。

え、先生に会うのかい――なるほど、嬢ちゃんの紹介か。ああ、それで俺んとこにも訪ねてきたのか。合点がいったよ。

いや――先生からなにか聞いても、俺には知らせないでくれよ。知らねえほうが良いことも人生にはあるんだ。な、頼むから俺には教えてくれんなよ。お願いだぜ。

そのおとこ

《話者：恵一郎さん（仮名）七十代・男性》

精神科医という仕事柄、いろいろな体験をしております。

その多くは患者さんにまつわる話ですので、学会や論文など公的な発表の場を除いては誰にも話さずに過ごしてきました。そんな私も一昨年、無事に引退しまして。ならばもう現場を離れたことだし、そもそも〈あれ〉は三十年以上も前の出来事なのだから、もはや時効と考えて差し支えないだろう——そのような結論に至り、いま、この席に座っているわけです。

なお、個人情報などを鑑み、いくつかの部分については事実を伏せている旨をあらかじめお伝えしておきます。それを踏まえたうえで聞いてください。

発端となったのは、娘の報告でした。

報告なんて仰々しい言葉を用いると、本人は「またお父さんの職業病が出た」と笑うかもしれません。けれども、彼女のひとことが契機だったのは事実なのです。

ある秋の日、帰宅した私に当時中学二年の娘が言いました。

「この家、知らない女の子がいるみたい」

聞けば、独りで自宅にいたところ部屋のドアを何度も叩かれ、あげくのはてに見知らぬ幼女に——厳密には、幼な子とも少女ともつかぬ存在であったようですが——遭遇したというのです。娘が説明する〈それ〉の容姿はなかなか不気味なもので、彼女の話に頷きつつ、私は内心「我が子ながら想像力の豊かな子だ」と感心していました。

ええ、つまり私はその報告を信じていなかったのですよ。また職業病かと言われるでしょうが、そのときは「一種の強迫性障害かもしれない」と推察したのです。強迫性障害は端的に言えば〈理由もなく不安に襲われる〉というもので、なかには幻覚や幻聴、あるいは自我障害などを伴うケースも見受けられます。そして、思春期と呼ばれる年代に顕著であることも一般的な特徴のひとつなのです。ゆえに「多感な時期の娘が幻覚を目にしたのだろう」と結論づけたのですね。

そんなわけで、私はあまり娘の言葉に過剰な反応を示しませんでした。原因がなんであるにせよ、一過性のものなら淡々と受け流すべきだし、長期にわたるならなおのこと静かに対処するのが望ましいだろう──そのように考えたわけです。なんだか冷淡な医者だとお思いでしょう。現在でこそ多様な治療が確立されていますが、三十年以上前は精神医学も手探りの部分がまだ少なくなかったのです。まあ、幸いなことに彼女がそんな発言をしたのは一度きりで、さしたる騒動には至りませんでした。

ところが──それからしばらく経ったある日のこと。

やはり帰宅した私へ、キッチンから妻が駆け寄ってくるなり、こう告げたのです。

「家のなかに、大きいおじいさんがいたんだけど」

この報告には、私もいたく驚きました。

仮に、娘とおなじく「幼女を見た」との証言であれば、もしかしたら超常的な存在に想像をめぐらせたか、あるいは侵入者の存在を疑ったかもしれません。けれども幼女と老人ではさすがに乖離（かいり）が過ぎます。同一人物とは思えない。そこで私は「遺伝性の妄想障害だろうか」と、ひそかな仮説を立てました。ええ、この時点でも私は彼女たちの見たものが実存するとは考えていなかったわけです。

部屋ほどもある巨大な老人の頭部──妻の話もまた、娘と同様かそれ以上に興味深いものでした。それでも私は「今度の紀要論文で、君の体験を症例として紹介したいなあ」

など冗談を飛ばし、その場をやり過ごしました。いささか投げやりな態度に、もしかすると家内は不満をおぼえていたかもしれません。
　実のところ――正直に申しあげると、私はすこしばかり不安をおぼえていたのです。「家族が常軌を逸しているのでは」という疑念と、〈なにか〉が我が家にいるという得体の知れぬ予感。そのふたつが混ざりあって、心のうちを静かに苛んでいたのです。

　三番目の報告は、家族以外の人物から届きました。

　妻の告白から数日が過ぎた日曜の朝、煙草を買いに出かけた私を、近所の住人が呼び止めたのです。町内会役員を長きにわたり務めている、L氏という男性でした。

「あの……不躾なことを先生にお訊ねしますがね」

　彼は私を〈先生〉と呼びます。「その呼称は面映いので止めてくれ」と私が懇願し、しぶしぶ彼が苗字で呼びなおす――この遣り取りが我々にとっての挨拶だったのです。

　ところが、その日にかぎって彼は呼び名を改めませんでした。そんな瑣末なルーティンより重要な事柄がある――真剣な表情で暗黙のうちに訴えながら、彼はひとこと、

「先生のお宅では、居候のご親戚などいらっしゃいますか」

そのように問うてから、こんな話を教えてくれました。

数日前に我が家の前を闊歩（かっぽ）していたおり、彼は二階の窓辺に立つ若い女性をみとめたのだそうです。女性は窓ガラスに顔をべったり密着させており、おまけにどこかしら時代錯誤ないでたちであったそうです。おまけに表情はひどく虚ろで、なんとも不吉な雰囲気の女だった——そのようにL氏は語っていました。

しかし、いちばんの問題は女性が〈知らない人間〉であったことです。L氏も我が家の家族構成が私と妻、そして娘の三人であることは存じています。そのため、はじめて目にする女性の存在を訝（いぶか）ったのでしょう。とはいえ、それだけでは「不審者だ」と通報するに値しません。妻の友人、または娘の家庭教師かもしれない。もしかしたら私の愛人という可能性だってある。もろもろの仮説を頭のなかで浮かべつつ、彼は窓辺の女を見ていました。すると——。

女が、中年の男になったというのです。

いえいえ、これはL氏が口にした言葉ほぼそのままです。本人も戸惑っていました。まあ、無理もありませんよね。目の前で若い女性がおじさんに変貌したのですから。

え。どのように——とは、どういう意味ですか。

　ああ、なるほど。瞬時に変貌したのか、それともグラデーションがかかるように緩々（ゆるゆる）と変化したのか――という意味ですね。いや、詳細は聞いていません。なにせ立ち話での告白ですからね。ただ、「男性は非常に禍々しい面持ちで、それが非常に恐ろしかった」とは言っていましたが。ともあれ、混乱をきたしたL氏はそれ以上の追求を放棄し、我が家の前から辞去したとのことで。やがて、数日後に家主である私と邂逅（かいこう）を果たしたため、これぞ好機と思い報告したわけです。

　もちろん私は大いに戸惑いました。少女でも巨大な老人でもない、第三の――変化した男性も含めれば、四人もの人物が出現したのですからね。もちろんL氏の言葉を鵜呑（うの）みにしたわけではありません。しかし彼が私に嘘をつく理由はなく、一見したかぎり錯乱状態とも思えないのです。

　ならば、我が家ではなにが起こっているのか。自宅にあらわれる人々は何者なのか。

　答えは数日後――私自身がこの目で知ることとなりました。

　空気に冬のにおいが混じりはじめた、寒い午後だったと記憶しています。

　その日、妻と娘は揃って買い物に出かけ、私はリビングで趣味のソープカービングという彫刻に興じていました。東欧に住む知人から教わったものでして、専用のナイフを使って石鹸を彫るのです。これがなかなか楽しく、私は石鹸屑を落とさぬよう新聞紙をテーブルに広げ、夢中で彫り進めていたのです。

と、ふいに視界の隅でなにかが動きまして。反射的に頭をあげると——。

カーテンに半身を隠すような姿勢で、その男が立っていたんです。

知った顔でした。Kという名前の男でした。蓄膿症持ちでいつも鼻声の、そして——数ヶ月前に自殺した、私が担当していた四十代の患者でした。

彼は解離性同一性障害——つまり、交代人格という複数のパーソナリティが、ひとりの肉体に宿っている人物でした。当時の私たちはMPDと呼んでいましたが、一般的には多重人格という呼称のほうが馴染み深いかもしれません。虐待などの精神的苦痛から逃避するため、別な人物を心のなかに作るのです。Kも例に漏れず、幼少期に父親から受けた虐待の影響で、複数の交代人格と肉体を〈共有〉していました。

　本人以外の人格は、私たちが確認できただけで四人。

　被虐を担う役の少女、父親の性格を投影した老人、希死念慮を抱いている若い女性、そして、きわめて暴力的な衝動を持つ男性——。

ええ、彼の顔を見た瞬間に悟りましたよ。

我が家で目撃された人々の正体を。

驚きのあまりナイフを落として、テーブルに金属音が響いた瞬間——彼は。

「ぜんぜえ、みんなあいたがってまず」

鼻声で嗤って、カーテンへ巻きこまれるように、むるむると消えたのです。


翌日、すぐに引っ越しを決めました。

なんだかんだと手間取ってしまい、結局新居に移ったのは一ヶ月後でしたけれども。

私が突然「別な家に住む」なんて言いだしたもんで、家族は大変だったと思いますよ。

事実、長いこと文句を言われましたからね。

え、どういう意味ですか——ああ、それは違います。引っ越したのは「怖かったから逃げた」などという単純な話ではありません。なんと言いますか——もう一度遭遇してしまったら、私は彼にいろいろな意味で「取り憑かれてしまう」気がしたのです。

「幽霊は死んだ者の魂である」という一般的な解釈を私は採用していません。「大脳が見せる錯覚である」と現在でも確信しています。仮にいま恨めしそうな女性を目撃したとしても、居るはずのない男の声が聞こえたとしても、私は持論を曲げないでしょう。
けれども、Kのケースはまるきり理屈が違うのです。彼の心のなかだけに存在した人格が視覚化されたのだとすれば、肯定も否定も含めあらゆる前提が崩れてしまうのです。
それを再び体験したが最後、私は引き返せない領域までのめりこんでしまう。それを忌避したのです。

いや――やはり、これは詭弁かもしれません。やはり私は恐ろしかったのでしょう。あの「みんなあいたがってまず」が怖かったのです。二度と会いたくなかったのです。

驚くことに――娘によれば、懐かしの我が家はまだその姿を留めているそうです。売物件の札は下がっていないとも聞きました。だとすれば、Kはまだ居るのでしょうか。
いま、あの家に暮らしている人は、〈どのK〉を目撃しているのでしょうか。

黒史郎

肩たたき

エリさんは長年勤めた会社を辞職した。

人間関係が原因で鬱(うつ)になりかけたからである。

穏やかな日々を過ごしたいと親に電話で相談すると、しばらく都心の喧騒から離れた生活をしなさいといわれた。その助言に従い、翌月、一人で住んでいたマンションを引き払い、東北にある祖母の家へと向かったのである。

祖母は物静かな人であった。

ほうっておいてくれるし、かといってほったらかしにもしない。

おかげで、とても過ごしやすかった。

あるとき、祖母が肩を叩いてほしいと頼んできたことがあった。

珍しいことだった。

「いいよ」とトントン叩きだすと、そうじゃないという。

平手で一度だけ、少し強めに叩いてほしいのだと。

いわれるままにやるが、もっと強く、本気で叩いてくれという。

「えー、痛いよ？」

「いいよ」

戸惑いながらも、強めの力で叩いた。

すると祖母はうずくまって、「オッケー」と指で輪っかを作る。

「こんなので肩こりにきくの？」

「肩がこっているわけじゃないよ」

よくないものが乗ってきたんだと肩をさする。

そういう時は強く叩けばいい――そう教えてくれた。


一人暮らしに戻ってから半年後、祖母が亡くなった。

新しい職場での人間関係は良好で、仕事が終わるとよく同僚たちと飲みに行った。

ある日の飲みの席で唐突に始まった怪談話がきっかけで、休日に関東圏内の心霊スポットをみんなで巡った。

しかし、どこも期待していたほど怖くはなく、肩透かしだった。

帰ったのは深夜。
妙に身体が重く感じ、着替えもせず布団に突っ伏した。
アルコールは飲んでいないのに、二日酔いのように頭が痛い。
バンッ
ふいに肩を叩かれ、驚いて後ろを振り向く。
もちろん、だれもいるはずはなかった。
不思議と身体は軽くなっていた。

ぽい

圭一さんの姉は三十二歳という若さでこの世を去った。

〝それ〟は、姉が亡くなる半年前から現れるようになった。

薄い紫色か、灰色、あるいはその中間ぐらいの淡い色をしている、のっぺりとした、なにか。幽霊のような希薄さはなく、実体があるように見える。

そういうものが家の中を素早く移動する。

目で追うが、追いついたことはない。漠然とした姿を瞬間的にとらえることしかできない。音もたてない。喋ることもない。ひじょうに静かなものである。

「いきなり目の前をさっと横切られると驚きはしますが、とくに怖いと感じたことはないんですよ」

その理由は、姉に似ているからだという。

どういうことですか、と私は問う。

ここまでの話では、薄気味悪い、のっぺらぼうのイメージだ。

「うまくいえないんですが、姉っぽいんです」

それがそばを通った時、よく姉だと勘違いしてしまう。

目で追うと姉はいないので、ああ、あいつだったのかとなるそうだ。

これを見るのは圭一さんと弟、両親。つまり、ほとんどの家族。

ただし、姉だけは一度も見なかった。

だから余計に姉は嫌がった。自分が見えないものが、自分と間違えられるのは不吉でしかないと感じたのか、その話題を避けていた。

姉の死後、変わらずそれは、姉らしさを帯びたまま家の中を移動した。

「本当の姉がいるのかもって思ったこともあります。母なんて、姉に喋りかけるように言葉をかけていますしね」

それは今も家の中を静かに移動している。

ない

昨年、取材の移動で利用したタクシーの運転手から聞いた話である。


昔、母から聞いた話なんですけどね。

中学の同級生に、変な子がいたっていうんです。女の子で、近所に住んでいて、名前はなんだったたか、覚えてませんけど。

その子は身体が弱くて、頻繁に学校を休んでいたそうで。ひょっこり来ることもあるんですが、来ても存在感もなく、またすぐに来なくなっちゃうんです。

あんまり長く休んでいたりすると、死んじゃった、なんて不謹慎な噂も流れていたそうです。

その子のなにが変かっていうと、自分にはないっていうんですよ。

身体が。

「私には身体がない」って、それが口癖だったと。

でもね、実際に身体のどこかを失っているわけでもないんです。肉体はね。

そうです。病弱な自分の身体を悲観して、自虐的にそんな表現をしたってことでもない。本当に自分には身体がないんだって信じていたようなんです。変でしょ？

しかも、なにかに身体をとられた、そう思い込んでいたと。

そうです、そうです。盗まれたってことみたいです。

有名な漫画があるじゃないですか。妖怪に身体を奪われて、それを取り返すために戦うって話。その子の話を聞いてたら、そんな感じなのかなって私、思いましたよ。

でも、本物の肉体っていうよりは、魂のほうの身体をとられたのかな、とか、私なりに解釈していましたね。病弱だったのは身体じゃなくて、心のほうだったのかも、とか考えましたね。

まあ、ここまでなら、不思議なことをいう子がいたってだけの話なんですよ。

でも、母がいうには一枚だけ、その子の写真があったらしいんです。

学校で撮った集合写真だそうですが。

ええ、そうです。

写真では、本当になかったようなんです。

ない

その子の身体が。
ええ。
首だけが浮いていたそうです。

テンション

数年前、彼氏と国内旅行で離島へ行った久賀さんは、観光サイトで大々的にオススメされていたグラスボートに乗ってみた。

船底中央にあるガラス窓に切り取られた幻想的な海の光景は感動的だが、彼氏はまったく見ようとせず、声をかけてもウン、ウンと頷くだけで、船縁に寄りかかって目を閉じている。乗った時からずっとこんな調子だった。

どうしたの、と聞くと「ちょっと、つかれちゃって」と返ってくる。

「疲れたぁー？　さっきまで、あんなにはしゃいでたのにー？」

顔色も悪いので、きっと船酔いだろうとそっとしておいた。

ボートの後はレンタカーで島内観光の予定だったが、彼氏の顔色とテンションは変わらないどころか、ひどくなっていた。「あァー、しぬー」とつらそうな声をあげ、まともに歩くこともできず、何度も座り込んでしまう。ついには、「しんどいから休むよ」と、ホテルに戻ってしまった。

仕方なく、久賀さん一人で島内を巡ったが、やはり、つまらない。

「どう?」と彼氏にLINEを送ってみる。反応はなし。何度送っても既読にならないので、心配になってホテルに戻ると、ベッドに彼氏の姿はなく、トイレから唸る声と水っぽい排泄音が聞こえてくる。下痢をしているようだ。

「大丈夫なの?」と聞くと、「もうだめ、しぬかも~」と弱々しい声が返ってくる。

食中毒なら一大事なので病院へ連れて行ったが、とくに異常は見つからず。ひとまず点滴を受けて、明日まで入院という結果になった。


その晩、久賀さんは眠れなかった。楽しい夜のはずが、まさか、寂しい一人寝になるなんて——彼氏との初旅行が最悪なことになってしまった。

ぼんやり深夜の番組を見ていると、彼氏からのLINE通話がきた。

「身体の具合どう? 少しはマシになった?」

「からだ……まあ……」

「え? なに? 聞こえない」

反響して音が割れてしまい、彼氏の声が聞き取りづらい。

どこからかけているのと尋ねると、
くらいところにいる――そう、聞き取れた。

「そこだと聞こえづらいから、場所って変われる？」

ぺたぺたと移動する足音が聞こえた。

移動しながら話している。しかし、聞こえづらさは変わらない。

それに、どうもおかしい。

彼が何を言おうとしているのか、まるでわからない。言葉が入ってこないのだ。

反響による音割れも次第にひどくなり、彼氏の声はもはや言葉になっておらず、ぼぐぁ、ぼぐあぁ、という不快な音に聞こえる。人間と会話をしている気がしなかった。

その声を聞いているとひどく憂鬱な気持ちになるので、久賀さんは適当に話を終わらせると通話を切ってしまった。


翌日、すっかり快復して退院した彼は、異様にテンションが高かった。

昨夜の通話の件を尋ねても、「それはもういいじゃん」とはぐらかされる。意味もなく飛び跳ね、走りまわり、周囲の目を気にせず奇声のような笑い声を発する。

旅行の盛り上がりを必死に取り戻そうとしていたのだろうが、大げさな感情表現、表情、その言動すべてに久賀さんは薄ら寒さと嫌悪をおぼえた。

異様なテンションは帰りの飛行機の中までも続いた。

この旅行での一件が災いし、その後、彼氏とは破局した。

後に共通の知人から、元カレが「霊感のある人」なのだと知った。といっても、そう本人が周囲にいっているだけで誰も本気にはしておらず、その真偽のほどはわからないそうだ。

なんにせよ、別れて正解であった。いずれ、ケンカ別れをしていたはずだろうからだ。

久賀さんは、霊の存在をこれっぽっちも信じていないのである。

血痕

「聞いたのは二十年ぐらい前です。不気味だったんでよく覚えていますよ」

　桜木さんが語ったのは、修学旅行から帰った兄が家族にした話である。

　旅行、二日目の夜。初日にはしゃぎすぎたからか、消灯後すぐ、みんなの布団から寝息が聞こえてきた。

　ひとり寝つけずにしばらく起きていた兄は、ドッドッドッと走る足音を聞いた。

　続いて、怒鳴るような男の声——引率の先生の声である。

　誰かがバカをやって見つかったんだろう。

　なにをやらかしたんだろうと聞き耳を立てていると、部屋のドアが乱暴に開かれ、先生が入ってきた。

　怒りの形相の先生は寝ているみんなを叩き起こすと、押し入れの中やカーテンの裏をチェックしだした。誰かが隠れていないかを確認しているようだった。

全員部屋を出るように指示されて廊下に出ると、他のクラスの生徒たちもいる。

どうやら、消灯後に部屋を抜け出した者がいるらしい――が、どうもそれだけではない様子である。各班の班長を呼び出し、怪我をしている生徒がいないか、確認させている。ただの犯人捜しでないことは誰の目にも明らかだった。

事件が起きたのでは――。

生徒たちの中から不安な声がもれはじめたので、先生方は説明をした。

消灯後、旅館の一階ロビーで複数名の生徒が談笑していたとの報告が従業員から入ったのだという。声をかけようと従業員が近づくと、学生服姿の数名が座っていたソファから離れ、足早にその場を立ち去ったのだそうだ。

そこには女性もいたとのこと。

兄の高校は男子校である。となれば、外から引き入れた、ということになる。そっと抜け出して外でナンパでもしたか、あるいは自由行動時間に他校の女子生徒と仲良くなって待ち合わせでもしていたか。いずれにしても、なぜわざわざホテルに呼び込んだのか。ロビーで談笑などしていれば、すぐにバレることぐらいわかりそうなものだが……。

「本当に怪我をしてるやつはいないんだな？　本当だな？」

なぜ、そんなことを尋ねるのか——先生はその理由を生徒に伝えた。

男女が座って談笑していたソファ。

そこに血のような跡が残されていたのである。明言を避けていたが、先生方の様子から、残されていた血液は微量でないことがうかがえた。


以上が、起きたことのすべてである。

ただ、これだけでは怪談の色は薄い。そこで後日談的な話を挿れておく。


この珍事はある事故と絡められ、生徒間でしばらく怪談として流布した。

その事故とは——修学旅行のひと月前、同校の生徒らの乗ったワゴン車がトラックと衝突し、五名が死傷した。ワゴン車を運転していたのはバイト先の先輩（重体）、死亡したのは男子生徒二名、二人とも修学旅行に行く予定であった。

また、同乗していた他校の女生徒も命を落としている。

彼らは、来たのではないか——。

ぼろぼろになりながらも、思い出を作りに。

著者紹介

我妻俊樹（あがつま・としき）
『実話怪談覚書 忌之刻』にて単著デビュー。「忌印恐怖譚」シリーズ、『奇々耳草紙 憑き人』など。共著に「FKB 饗宴」「てのひら怪談」「ふたり怪談」「怪談五色」「瞬殺怪談」各シリーズ、『猫怪談』など。

葛西俊和（かさい・としかず）
青森県在住、りんご農家を営む傍ら怪談蒐集にいそしむ。最近では怪談のみならず青森県の伝承や民話、風習について各地を巡って情報を集めている。単著に『降霊怪談』『鬼哭怪談』、共著に『怪談実話競作集 怨呪』『獄・百物語』など。

黒木あるじ（くろき・あるじ）
『怪談実話 震』で単著デビュー。「無惨百物語」シリーズ、『黒木魔奇録』『怪談実話傑作選 弔』『怪談実話傑作選 磔』『怪談実話 終』『怪談売買録 拝み猫』『怪談売買録 嗤い猿』など。共著に「FKB 饗宴」「怪談五色」「ふたり怪談」「瞬殺怪談」「怪談四十九夜」各シリーズなど。小田イ輔やムラシタショウイチなど新たな書き手の発掘にも精力的だ。近著に小説『掃除屋 プロレス始末伝』。

黒 史郎（くろ・しろう）
小説家として活動する傍ら、実話怪談も多く手掛ける。単著に「実話蒐録集」シリーズ、『黒塗怪談 笑う裂傷女』、『異界怪談 暗渠』『異界怪談 底無』『黒怪談傑作選 闇の舌』ほか。共著に「FKB 饗宴」「怪談五色」「百物語」「怪談四十九夜」「瞬殺怪談」各シリーズなど。

神 薫（じん・かおる）
静岡県在住の現役の眼科医。『怪談女医 閉鎖病棟奇譚』で単著デビュー。『怨念怪談 葬難』『骸拾い』など。共著に「FKB 饗宴」「瞬殺怪談」各シリーズ、『恐怖女子会 不祥の水』、『猫怪談』など。女医風呂 物書き女医の日常 https://ameblo.jp/joyblog/

田辺青蛙（たなべ・せいあ）
『生き屏風』で日本ホラー小説大賞短編賞を受

賞。著書に『関西怪談』『魂追い』『皐月鬼』『あめだま 青蛙モノノケ語り』『モルテンおいしいです^q^』『人魚の石』など。共著に「てのひら怪談」「恐怖通信 鳥肌ゾーン」各シリーズ、『怪しき我が家』『怪談実話 FKB 饗宴』『京都怪談 神隠し』『読書で離婚を考えた。』など。

つくね乱蔵（つくね・らんぞう）
『恐怖箱 厭怪』で単著デビュー。『恐怖箱 万霊塔』、『恐怖箱 絶望怪談』『恐怖箱 厭獄』『恐怖箱 厭還』など。共著に「瞬殺怪談」「怪談五色」「恐怖箱テーマアンソロジー」各シリーズなど。黒川進吾の名でショートショートも発表、共著『ショートショートの宝箱』もある。

冨士玉女（ふじ・たまめ）
怪談を聞いたり読んだり語ったりするのが好き。普段はサラリーマンとして生きている。最近知り合いの不幸が妙に多いので、これ以上深入りをしない方がいいのかと逡巡しながら今回も参加。

丸山政也（まるやま・まさや）
２０１１年「もうひとりのダイアナ」で第3回『幽』怪談実話コンテスト大賞受賞。著書に「奇譚百物語」シリーズ、『怪談実話 死神は招くよ』『恐怖実話 奇想怪談』など。共著に「てのひら怪談」「みちのく怪談」「瞬殺怪談」各シリーズ、『怪談実話コンテスト傑作選3 跫音』『怪談五色 破戒』『世にも怖い実話怪談』など。

吉田悠軌（よしだ・ゆうき）
怪談サークルとうもろこしの会会長。怪談の収集・語りとオカルト全般を研究。著書に「恐怖実話」シリーズ『怪の残響』『怪の残像』『怪の手形』『怪の足跡』、「怖いうわさ ぼくらの都市伝説」シリーズ、『うわさの怪談』『日めくり怪談』『禁足地帯の歩き方』『一行怪談』『怪談現場 東海道中』など。月刊ムーで連載中。オカルトスポット探訪雑誌『怪処』発行。文筆業を中心にＴＶ映画出演、イベント、ポッドキャストなどで活動。

怪談四十九夜　鬼気

2020年5月4日　初版第1刷発行

編著者　黒木あるじ
企画・編集　中西如(Studio DARA)
発行人　後藤明信
発行所　株式会社 竹書房
〒102-0072 東京都千代田区飯田橋2-7-3
電話03(3264)1576(代表)
電話03(3234)6208(編集)
http://www.takeshobo.co.jp
印刷所　中央精版印刷株式会社

定価はカバーに表示しています。
落丁・乱丁本の場合は竹書房までお問い合わせください。

ISBN978-4-8019-2255-6 C0193